Céline
Semmelweis

Romanica

Louis-Ferdinand Céline

Leben und Werk des
Philipp Ignaz Semmelweis

(La vie et l'œuvre de
Philippe-Ignace Semmelweis)

*

Einleitung von
Pierre Monnier

Deutsch nach
M. Sten

WIEN 1980

Louis-Ferdinand Céline

LEBEN UND WERK
DES
PHILIPP IGNAZ SEMMELWEIS

(1818—1865)

Karolinger

Umschlagentwurf
Mark & Nevosad

Gesamtherstellung
ookpress Veszprém

Satz
Ecotext-Verlag
Mag. G. Schneeweiß-Arnoldstein

ISBN 3-85418-004-7

Pierre Monnier

Einführung

La vie et l'œuvre de Semmelweis erscheint 1937. Man weiß
damals bereits, daß Céline, der berühmte Autor von *Voyage
au bout de la nuit* und *Mort à Crédit,* die akademischen
Ausdrucksweisen unterwühlt hat. Man muß sich die Frage
stellen, was an einer kleinen Arbeit ohne ernstlichen stili-
stischen Aufwand interessieren mag, die zu einem anderen
als literarischen Zweck geschaffen wurde: es ist einfach die
medizinische Doktorarbeit des Studenten Louis Destouches.

Acht Jahre vor *Voyage au bout de la Nuit* erschienen,
wird sie im gleichen Band wie das erste säuretriefende Pamphlet des Louis-Ferdinand Céline wieder abgedruckt. Der
Titel auf dem Umschlag ist vom donnernden MEA CULPA
in grellroten Lettern übertönt. Von nun an tritt sie wie das
„kleine Mädchen Espérance" ihre Reise im Schatten jener
Monstren an, welche der überaus klassischen französischen
Literatur Bastard um Bastard anhängen. Einer aufmerksa-
men Lektüre enthüllen sich indessen die Triebfedern von
Leben und Werk Célines besser als es die Mühen der ver-
bissenen Exegeten vermögen, die Kraftlinien in den Ro-
manen, der Trilogie und in den Pamphleten zu entdecken
suchen. All das ist bereits da in der Dissertation des kleinen
Arztes Destouches ...: „Es war ein Kamerad von der Universität, der mir einmal sagte ‚Im letzten Jahrhundert gab
es einen Arzt, einen Österreicher oder Ungarn, der hat eine
ungewöhnliche Sache gemacht ... er hat den fortgeschrit-
tensten Untersuchungen der Prophylaxe die Bahn geöffnet ... aber niemand hat es bemerkt.' Das würde vielleicht
für Dich als Dissertation passen ... Und ich mußte nicht
weitersuchen."

Céline hält Distanz zu seinem Gegenstand und sucht sich niemals mit Semmelweis zu identifizieren. Trotzdem kann man sich bei dem was er dazu sagt, nicht vorstellen, daß er sein Gesicht nicht im Spiegel durchforscht hat.

In einem 1924 erschienenen, unveröffentlichten Nachwort, das sich in den Cahiers N° 3 von *L'Herne* findet, sagt Louis Destouches: „Wenn wir bei Semmelweis verweilen, so deshalb, weil sich das medizinische Denken, das so schön und so großzügig ist — das einzige wahrhaft menschliche Denken in der Welt — auf jedem Blatt seiner Existenz leserlich einschreibt." Für L.-F. Céline ist es das medizinische, ebenso wie das politische und soziale Denken, die Besessenheit der Vorbeugung; es ist die Prophylaxe, für die Semmelweis sein Leben gab. Céline selbst hat sich immer als Hygieniker definiert. Niemals hat er eine Frage über seinen Beruf beantwortet, ohne zu präzisieren, daß sein beunruhigendster Gedanke die Sorge um die Hygiene wäre.

Semmelweis ist darüber gestorben. Während seines kurzen und heroischen Lebens war er besessen vom Leiden der Wöchnerinnen, den Opfern des Kindbettfiebers.

In die Anstrengung verkrampft, vorbeugende Mittel zur Senkung der Sterblichkeitsrate zu finden, zerbrach er an der stumpfen Feindseligkeit jener Hohepriester der Fakultät, die sich in die Routine verrannt hatten. Von da an kannte seine Wut keine Schranken!

Céline ist wie Semmelweis ein launischer Typ. Manchmal gibt er das schreckenerregende Bild eines Polemikers, den nichts halten kann. Das umso mehr, als ihn seine angeborene Scheu dazu drängt, seine Gefühle hinter Zornausbrüchen und Anschuldigungen zu verbergen. Anders aber, wenn er am Beginn seines *Semmelweis* schreibt: „Dort wird die Seele eines Mannes in einem so großen Erbarmen erblühen, daß das Schicksal der Menschheit durch sie für immer gelindert werden wird ..." Und etwas weiter: „Die

Medizin ist im Verhältnis zum Universum nichts anderes als ein Gefühl, ein Bedauern, ein tätigeres Mitleid als die anderen Wissenschaften." Man versteht, daß seine Heftigkeit und seine Zornausbrüche nichts anderes als Exzesse eines peinigenden Gewissens sind, unfähig, sich selbst zu kontrollieren.

Wie Semmelweis …

Man weiß nur zu gut, daß Céline den Frieden unter den Menschen damit retten wollte, daß er gegen die Schuldigen am Kriege anschrie, ebenso wie Semmelweis gegen die Größen der Fakultät schrie und daß er damit nichts als Gefängnis und Exil erreichte. Der Arzt und der Schriftsteller haben damit die gleiche Ablehnung erreicht.

Wie nicht lächeln, wenn man liest: „Man kann behaupten, daß die meisten von uns, dort, wo Semmelweis zusammenbrach, mit ein wenig Lebensklugheit, mit einem einfachen Feingefühl ihr Ziel erreicht hätten. Ihm fehlte, oder vielleicht vernachlässigte er es vorsätzlich, das unerläßliche Verständnis für die Konventionen seiner, oder besser gesagt, sämtlicher Epochen, ohne das die Dummheit eine unbesiegbare Kraft bliebe …

Nach menschlichen Begriffen war er unbeholfen."

Der eine wie der andere haben den gleichen inneren Konflikt ohne Lösung gehabt: Gewaltig in der Intuition, gewiß, der Wahrheit nahe zu sein, aber unfähig sie mitzuteilen. Von da kommt der Zorn, die Wut vor der Verständnislosigkeit. Menschlich waren sie beide unbeholfen.

Wenn Céline sagt: „Man kann sagen, daß er den Weg zur Forschung niemals betreten hätte, wenn nicht ein brennendes Mitleid mit der physischen und seelischen Not seiner Kranken ihn dazu getrieben hätte", ist man versucht zu paraphrasieren: „Er hätte niemals den Weg der Polemik betreten, wenn ihn nicht die Version vom tragischen Schicksal der französischen Jugend dazu getrieben hätten." Und daß

Semmelweis Jude war, macht ihr Zusammentreffen noch bewegender, wobei man all den universitären und anderen Schwätzereien die Luft abdrehen muß, die den Ursprung der Célineschen Pamphlete in einer Art visceralem Antisemitismus ansiedeln.

Ein Rätsel: Von wem ist dieser Satz? „… ich muß Ihnen gestehen, daß mir der Gedanke an den Tod meiner Kranken immer unerträglich erschien, besonders wenn sie zwischen den beiden großen Freuden des Lebens, jung zu sein und ein neues Leben zu geben, dahinschwanden." …. Semmelweis.

Und dieser? „Gegen sie wende ich mich als entschlossener Gegner, wie man sich gegen die Teilnehmer eines Verbrechens wenden muß! Mir bleibt nichts anderes übrig, als sie wie Mörder zu behandeln. Und alle, die das Herz am rechten Fleck haben, müssen so denken wie ich!"

Nein, das ist kein Zitat aus *Bagatelles pour un massacre!* Es ist aus einem Brief Semmelweis'. Und Celine, der sich für vernünftig und ausgeglichen hält, fügt diesen köstlichen Kommentar hinzu: „Selbst wenn diese Wahrheiten so dringlich waren, war es kindisch, sie in dieser unverträglichen Form zu proklamieren."

La vie et l'œuvre de Semmelweis zählt nicht nur, weil es etwas von der tiefen Persönlichkeit Célines enthüllt, es läuft wie eine romanhafte Erzählung ab, deren Spannkraft den Atem nimmt. Und der Fortschritt der Arbeiten, die kleinen Siege — immer bestritten von den Mandarinen — der Eifer und die Verrücktheit des Helden führen uns auf den Gipfel der Ergriffenheit, wenn Céline zuletzt schreibt: „In den folgenden Monaten fällt die Sterblichkeitsziffer des Kindbettfiebers beinahe auf Null; damit sinkt sie zum ersten Mal auf die gegenwärtige Ziffer in den besten Gebäranstalten der Welt: 0,23 von 100!"

1924 hat der junge Arzt Louis Destouches seine Karriere als Schriftsteller noch nicht begonnen. Seine Dissertation läßt keinen literarischen Ehrgeiz erkennen. Trotzdem, die Eigenart des gewählten Gegenstandes, die von den Kämpfen und Ängsten des Philipp Ignaz Semmelweis erweckte Ergriffenheit erklären nicht zur Gänze, warum man „verhext" ist, wie man früher von gewissen Theaterstücken sagte. Es zeigt sich eine geheimnisvolle Aura, eine Art Schauder, schlecht unterscheidbar, aber von drängender Präsenz. Das ließ den Vorsitzenden des Dissertationskollegiums sagen: „Sieh an, es ist da irgend etwas ... etwas besonderes, wie ein Stil. Destouches sollte darauf achten."

Und vielleicht hatte Destouches darauf geachtet. Also schreibt er — seinen Namen mit dem Vornamen seiner Mutter Céline Guillon vertauschend — *L'Eglise*, ein danebengegangenes Theaterstück, dessen Inhalt, überarbeitet und umgestaltet, zur *Voyage au bout de la nuit* wird. Und, so erzählt Céline, ist es Léon Daudet der diesmal sagt: „Es ist da irgend etwas!"

Semmelweis ist eine paramedizinische Arbeit. Trotz ihres geringen Umfangs und ihrer Randlage an der Seite der anderen Bücher Célines ist sie ein Schlüsseltext, der uns angreift.

All denen, die sich Célines Werk noch nicht genähert haben, empfehle ich, dieses Buch zuerst zu lesen. Und dann, wenn sie am Ende angelangt sind, nachdem sie alles gelesen haben — wohlgemerkt, alles! rate ich, es wiederzulesen. Und das sage ich im besonderen den deutschen Lesern, denen der Mut eines jungen Verlages zu dieser Ausgabe verhilft.

Nach meiner Ansicht ist kein besserer Weg, um dem Menschen wie dem Autor nahezukommen und sein Freund zu werden.

Pierre Monnier

Dies ist die furchtbare Geschichte des Philipp Ignaz Sem-
melweis –
Sie mag ein wenig trocken sein, wenig anziehend auf den
ersten Blick auf Grund der Einzelheiten, Zahlen und minu-
tiösen Erläuterungen. Aber der unerschrockene Leser wird
sehr schnell belohnt. Die Geschichte ist der Mühe und An-
strengung wert. Ich hätte sie von Anfang an überarbeiten
und viel zügiger gestalten können. Es wäre leicht gewesen.
Ich habe nicht gewollt. Ich lege sie so vor wie sie ist (Medi-
zinische Dissertation, Paris 1924).
Die Form hat keine Bedeutung, der Inhalt zählt. Ich
nehme an, daß er so reich ist, wie man nur wünschen kann.
Er zeigt uns die Gefahr, die darin liegt, wenn man es zu gut
mit den Menschen meint. Das ist eine alte und immer neue
Lektion.
Nehmen Sie an, heute käme irgendein anderer Unschul-
diger, der sich vornimmt, den Krebs zu heilen. Er hat keine
Ahnung, welchen Tanz man ihm spielen würde! Das wäre
wahrhaft phänomenal! Ah! Der soll doppelt vorsichtig sein!
Ah! Man warnt ihn besser. Er soll nur ganz ruhig bleiben!
Ah! Es wäre besser für ihn, gleich in irgendeine Fremden-
legion einzutreten! Nichts ist umsonst in dieser niedrigen
Welt. Alles rächt sich, das Gute wie das Böse wird früher
oder später bezahlt. Das Gute natürlich viel teurer.

Mirabeau schrie so laut, daß Versailles Angst bekam. Seit
dem Sturz des römischen Reiches war niemals ein ähnlicher
Sturm über die Menschheit hinweggefegt, die Leidenschaften erhoben sich in furchtbaren Wogen zum Himmel. Die
Kraft und der Enthusiasmus von zwanzig Völkern brach
hervor aus Europa und riß es in Stücke. Nirgends etwas
anderes als ein Chaos von Wesen und Dingen. Hier, ein

Aufruhr des Egoismus, der Schande und des Hochmuts; dort unten dunkle, undurchdringliche Konflikte; weiter fort äußerstes Heldentum. Sämtliche menschlichen Eigenschaften rasten verworren, entfesselt, besessen durch die Straßen und Sümpfe der Welt. Der Tod heulte in der blutigen Gischt seiner ungleichen Legionen; vom Nil bis Stockholm und von der Vendée bis Rußland, beriefen sich hundert Armeen zu gleicher Zeit auf hundert Gründe, die ihre Rohheit rechtfertigten. Verwüstete, in ein ungeheures Reich des Wahnsinns mündende Grenzen, Menschen, den Fortschritt heischend und der Fortschritt, Menschen heischend, das war der Sinn dieser gewaltigen Raserei. Die Menschheit langweilte sich, sie verbrannte etliche Götter, wechselte das Kostüm und zahlte der Geschichte mit ein paar neuen Siegen.

Und dann, als der Aufruhr beschwichtigt, die großen Hoffnungen wieder für mehrere Jahrhunderte begraben waren, kehrten all diese Furien, die als „Untertanen" zur Bastille gezogen waren, als „Bürgerinnen" zu ihren Nichtigkeiten zurück, belauschten den Nachbarn, tränkten ihr Roß und bargen ihre Laster und Tugenden in dem bleichen Sack von Haut, den Gott der Herr uns gegeben hat.

Im Jahre 1793 ließ man einen König springen.

Kurz, er wurde auf der Place de Grève geopfert.

Beim Schnitt durch seinen Hals spritzte eine neue Empfindung hervor: die Gleichheit.

Alle Welt wollte sie, es war ein einziger Taumel. Der Mord ist eine tägliche Beschäftigung der Völker, allein in Frankreich konnte der Königsmord immerhin als neu gelten. Man wagte ihn. Niemand wollte es eingestehen, doch die Bestie war da, zu Füßen des Tribunals, in den Draperien der Guillotine, mit weit aufgerissenem Maul. Man mußte sie beschäftigen.

Die Bestie wollte wissen, wieviel Aristokraten der König wert sei. Man fand, die Bestie sei ein Genie.

Man überbot sich auf der Schlachtbank:

Anfangs mordete man im Namen der Vernunft, für die erst zu definierenden Prinzipien. Die Besten wandten viel Talent daran, die Morde mit der Gerechtigkeit in Einklang zu bringen. Das glückte nicht ganz. Das glückte überhaupt nicht. Doch was machte es aus? Die Masse wollte zerstören und das war genug. So wie der Verliebte anfangs das Fleisch liebkost, nach dem es ihn gelüstet und seine Liebeserklärungen lange fortzusetzen gedenkt, dann aber unwillkürlich in Hast gerät ... so wollte Europa die Jahrhunderte, die es erzogen hatten, in einem furchtbaren Weltgericht vernichten. Es wollte dies noch schneller tun, als es selber wußte.

Es ist ebenso wenig ratsam, entflammte Massen zu reizen, wie mit hungrigen Löwen zu spielen. Man ließ daher fortan davon ab, Rechtfertigungen für die Guillotine zu suchen. Mechanisch wurde eine ganze Sekte angeprangert, getötet, zerstückelt, wie seelenloses Fleisch.

Die Blüte einer Epoche wurde zu Haschee zerkleinert. Einen Augenblick lang machte das Spaß. Man hätte dabei verharren mögen, doch die hundert Leidenschaften, angesichts des langsamen Tempos dieser Spielerei ins Gähnen geraten, stürzten an einem Abend des Ekels das Schafott.

Mit einem Schlag verfielen zwanzig Rassen einem gräßlichen Delirium, rasten zwanzig Völker, verschwägert, vermischt, feindlich, schwarz oder weiß, blond und braun, blindlings der Eroberung eines Ideals nach.

Herumgestoßen, geschunden, mit Phrasen gefüttert, getrieben vom Hunger und vom Tode besessen, erstürmten, zerstampften, eroberten sie Tag für Tag ein nutzloses Königreich, das sie tags darauf verloren. Man konnte sie nacheinander unter allen Brücken der Welt in einem lächerlichen und flammenden Reigen dahinziehen sehen, hier vertrieben, dort geschlagen, überall getäuscht, unablässig aus dem Unbekannten ins Nichts gesandt, ebenso bereit zu sterben, als zu leben.

Im Lauf dieser wüsten Jahre, wo das Blut in Strömen fließt, wo das Leben aus tausend Brüsten zugleich verspritzt und verströmt und die Nieren im Kriege geerntet und zerstoßen werden wie Weintrauben in der Kelter, braucht man einen starken Mann.

Beim ersten Blitzstrahl des gewaltigen Unwetters nimmt Napoleon Europa und behält es, wohl oder übel, fünfzehn Jahre lang.

Solange sein Genie anhält, scheint sich die Wut der Völker zu organisieren, der Orkan selbst Befehle anzunehmen.

Allmählich beginnt man wieder an schöne Zeiten, an den Frieden zu glauben.

Dann ersehnt man ihn, liebt ihn, vergöttert ihn schließlich, wie man fünfzehn Jahre zuvor den Tod vergöttert hat. Es dauert nicht lange, und man beginnt über das Unglück der Turteltauben zu weinen, mit Tränen, genau so echt, wie die Beschimpfungen, mit denen man kurz vorher die Karren der zum Tode Verurteilten überhäufte. Man wollte nichts anderes mehr als Sanftmut und Zärtlichkeit. Man erklärte die rührseligen Gatten und die fürsorgliche Mutter mit dem gleichen Pathos für heilig, das die Enthauptung der Königin gefordert hatte. Die Welt wollte vergessen. Sie vergaß. Und Napoleon, der beharrlich weiterlebte, wurde mit einem Krebs auf einer Insel interniert.

Die Poeten organisierten ihre in Verwirrung geratenen Kohorten, hundert Nichtigkeiten wurden an einem Frühlingstag zur Wonne empfindsamer Seelen besungen. Man schuf mit der gleichen Übertreibung, mit der man zerstört hatte. Ein zärtlicher Hauch liebkoste die zahllosen Gräber. Das Glöckchen wich nicht mehr vom Hals der Lämmer. Über allen Bächen wurden Verse gelispelt. Ein aufgeblühtes Maßliebchen reichte hin, um ein empfindsames Fräulein zu Tränen zu rühren. Und es bedurfte nicht viel mehr, damit ein braver Mann für's ganze Leben in Liebe entbrannte.

Ungefähr um diese Zeit der Gesundung wurde in einer der buntesten Städte der Welt, als vierter Sohn eines Spezereihändlers in Budapest an der Donau, im Schatten der St.-Stephans-Kirche, Ignaz Philipp Semmelweis geboren, just inmitten des Sommers, genau am 18. Juli 1818.

Im Schatten der St.-Stephans-Kirche? ... an der Donau ... suchen wir dieses Haus. Es steht nicht mehr. Nichts davon ist übrig ... Suchen wir weiter. In der Welt ... in der Zeit. Nach irgendetwas, das uns zur Wahrheit führen könnte ... Forschen wir! Vielleicht dort, in dem tollen Reigen, der sich entfernt. 1818 ... 1817 ... 1816 ... 1812 ... Gehen wir in den Lauf der Zeit zurück ... Und jetzt der Raum ... Budapest ... Preßburg ... Wien ... 1812 ... 1807 ... 1806 ... 1805 ...

„Am 2. Dezember um vier Uhr morgens begann die Schlacht inmitten eines Nebels, der sich bald zerstreute ..." AUSTERLITZ ... Noch nicht das, was wir wünschen ... wir suchen einen Mann, der zu uns gehört, der von unserem Blut ist, von unserem Stamm, nicht weit entfernt von Semmelweis: Corvisart ...! Corvisart ...

Er ist nicht auf dem Felde an jenem großen Morgen des Feuers ... Wo ist er? Als Arzt des Kaisers ist doch hier sein Platz!

Warum ist er in Wien, im Allgemeinen Krankenhaus geblieben, wo ihn doch kein Befehl zurückhält? Ein ungeheures Gebäude, dieses Krankenhaus! Unheimlich! ... Wir werden später, für längere Zeit, mit Semmelweis dahin zurückkehren, wenn seine Stunde geschlagen hat. Vorläufig ist sein Geschick an jener Stelle noch nicht einmal fühlbar, wo sein Genie einst leuchten soll: keine Spur von ihm. Erbärmlichkeit unserer Sinne!

In diesen Sälen liegen, neben den Zivilisten, überall verwundete, sterbende Soldaten sämtlicher Armeen, die ihre Seele aushauchen, wie sie können.

Und Corvisart ... was tut er um diese Zeit?

Ist er nicht ein gefeierter Arzt, den das Genie seines Herrn fesselt und berühmt macht? Sollte er sich heute morgen infolge einer Unstimmigkeit entfernt haben? Aus Eifersucht ...?

Das ist kaum anzunehmen. In der Medizin kann man ja nicht allzu berühmt werden. Er weiß es wohl, er, der das ganze wissenschaftliche Ansehen seiner Epoche genießt, er, den sein Patient dekoriert hat, wie man nur dekoriert werden kann und dessen Stolz von der höchsten professoralen Auszeichnung befriedigt wird: einem Lehrstuhl am *Collège de France*. Und was in jenen Kriegsjahren noch mehr bedeutet: der Sanitätsdienst in der größten Armee der Welt. Ist er somit nicht ebenso beneidet, ebenso glücklich, ebenso hochgestellt wie ein Marschall? Verlangte dieser Ehrgeizige, der glanzvoll eingegliedert war in die kriegerische Sarabande, vielleicht noch nach etwas anderem, als zu dienen?

Hatte er vielleicht noch einen privaten, auf die Fortbildung seiner Kunst gerichteten Gedanken? Das ist es.

Während der Schlacht bei Austerlitz, in der entscheidendsten Stunde seiner Zeit, wälzte er seine Pflicht, deren er müde schien, von sich ab, um, übrigens mit viel Mühe, ein wichtiges Buch zu übersetzen: *Die Auskultation*, von Auenbrugger.

Ein alter Fortschritt! Fünfzig Jahre der Stille alt!

Corvisart erweckt ihn auf's neue, leiht ihm seine Stimme, und das bedeutet eine sehr edle und sehr schöne Tat in der

Karriere dieses Mannes. Hätte er die ungeheure Autorität, die ihm der wunderbare Beruf eines Arztes der Epopöe verlieh, besser nutzen können?

Alle Achtung vor Corvisart! Ein wenig Achtung vielleicht auch vor Napoleon!

So sind wir durch ihn in die tröstliche Harmonie emporgestiegen, die wir suchten, zu jener so seltenen Form der Kraft: die sich des Menschen erbarmt. Doch kehren wir zurück nach Budapest, wohin unser Buch uns führt.

Dort wird die Seele eines Mannes in einem so großen Erbarmen erblühen, daß das Schicksal der Menschheit durch sie für immer gelindert werden wird.

Lassen wir die Tage vor uns erstehen, die wir aus der Vergangenheit auftauchen sehen möchten.

Zuerst das Morgenrot ...

Wahrhaftig, um die Kindheit eines außergewöhnlichen Wesens ist immer wieder die gleiche stupide Verbohrtheit, die gleiche blinde und taube Routine! ...

Niemand weiß etwas ... niemand hilft ... Ist denn die Seele der Leute dem Alltagsleben so fern?

In Budapest ist es der vierte Sohn, Philipp, der ausersehen ist ... Doch seine Mutter ahnt ebensowenig wie die andern. Sie war, wie man uns überliefert, eine arbeitsame Frau, die frühzeitig heiratete, frühzeitig davonging, auch hübsch, unermüdlich, und im Winter 1846 von einer grausamen Krankheit für immer dahingerafft.

Vor diesem großen Unglück wurde in jenem Haus viel gesungen und auch viel geschrieen. Acht Kinder!

Der Spezereiladen ging gut, die Semmelweis-Kinder wurden gut genährt, Philipp ward eines Tages vier Jahre alt, dann zehn. Allen Menschen, allenthalben schien er glücklich; nur nicht in der Schule. Er liebte sie ganz und gar nicht und diese Abneigung brachte seinen Vater zur Verzweiflung. Kinder haben mehr als wir ein äußeres und ein inneres Leben. Ihr äußeres Leben ist recht einfach, aus allerhand Vorschriften zusammengesetzt, doch das Innenleben jedes Kindes stellt die schwierige Harmonie einer in Bildung begriffenen Welt dar. Tag für Tag muß es in dieser Welt all ihre Kümmernisse und all ihre Schönheiten zu vereinen suchen. Das ist die immense Arbeit des Innenlebens.

Was vermögen die Lehrer und ihr Wissen für diese geistige Trächtigkeit, diese zweite Geburt, an der alles Mysterium ist, zu tun? Fast nichts.

Das zum Bewußtsein erwachende Wesen hat den Zufall zu seinem großen Lehrer. Der Zufall ... das ist die Straße. Die Straße dividiert und multipliziert die Wahrheiten ins Unendliche, viel einfacher als die Bücher.

Die Straße, bei uns?

Was tut man auf der Straße am häufigsten? Man träumt.

Man träumt mehr oder weniger präzise Dinge, man läßt sich von seinen Ambitionen, seinem Groll, seiner Vergangenheit tragen. Die Straße, das ist eine der andachtsvollsten Stätten unserer Epoche, die Straße ist unser modernes Sanctuarium.

In Ungarn, in diesem melodischen Land, in dem Land der Theatralik, von einer lebhafteren Rasse bevölkert als der unseren, strömt die Musik unter freiem Himmel mühelos hervor.

Es waren die Lieder, doch nicht die Schule, die es unserem kleinen Semmelweis angetan hatten. Die Versuchung war groß und vielseitig. In Budapest gab es in jenen Tagen, besonders um die Mittagsstunde, auf der Straße beinahe so viele Volkssänger als Haustore.

Warum nicht einen Moment lang verweilen?

Zwischen den vom letzten Regen hinterlassenen Pfützen macht der in schmutzige Lumpen gekleidete Sänger halt, kratzt sich ungeniert, sieht die Welt vorüberziehen ... an seinem Elend ... Ein gehässiges leises Neidgefühl gegen all diese Leute, die zu ihrem Mittagstisch hasten, steigt in ihm auf ... In ihm, der das seine noch nicht hat, weder im Magen, noch in der Tasche. Einem nach Urin stinkenden Sack entnimmt er eine Gitarre mit losen Saiten ... Das Ding ächzt unter seinen schmutzigen Fingern ...

Er blickt empor, der Wind ...

Mit seiner verrosteten Stimme stößt er ein paar tastende Töne hervor; man wartet, andere ... auch der kleine Ignaz ... mit uns. Es bildet sich ein Kreis, der wächst, den Gehsteig besetzt und die Wagen behindert, die auf der Straße vorüberrollen. Es ist ein begeisterter Kreis. Endlich! Betrachten wir ihn genauer. Der miese Bänkelsänger will aus dem Alltag treten ... womit? Damit ... Es wird sich ja zeigen ... Folgen wir ihm ... Ein Stück Wegs in den Traum.

Mittag ist vorbei und die Menge singt in einer Art von Verzauberung, der ihr Appetit keinen Abbruch tun kann.

Diese Lieder sind weder lustig noch traurig, sie sind entweder reich an Magie, oder sie haben nichts von ihr; die, welche arm sind, werden vergessen, aber die, welche reich sind, rühren an's Herz.

Sie lassen genauso wie die große Musik das Göttliche verstehen. Nur muß man für die große Musik doch ein wenig gebildet, Musiker sein; um das Volkslied, das echte Volklied zu lieben, braucht man nur die Liebe zu lieben und ein bißchen Gefühl zu haben, dann helfen die Worte schon nach ...

18

Lauscht in eure verzückte Seele, die sich freut, ein wenig Licht zu empfangen, den Zauber jener paar Töne ... Vier strahlende Töne, das ist die Gabe des Muts, der Kraft zum Hoffen, die das Talent jenen verleiht, die es nicht verstehen ... die nicht freudig genug, gläubig genug, aufrichtig genug, stark genug sind ... um glücklich zu sein.

Doch die Musik verlischt ... der Kreis zerstreut sich ... und der Sänger sammelt, ein wenig ermüdet, sein Mittagessen ein. Alle haben Hunger. Das süße Mysterium verklingt, wie schade! in dem Herzen eines jeden. Die Straße sinkt auf das Niveau eines Baches herab. Die kleine Kirche wird geschlossen, die Orgel verstummt, alles ist trauriger als zuvor. Niemand bleibt zurück als die, welche das Schicksal für die ewige Messe der unendlichen Liebe bestimmt. Sie bilden nur eine winzige Kapelle des Lichts in Raum und Zeit.

Wenn wir die geistigen Gipfel auf der anderen Seite des Lebens betrachten, ungewiß wie sie sind für den übergenauen Blick des Menschen, verlieren wir nicht die Straße des Alltags?

Die Ereignisse hasten dennoch mit jeder Epoche dahin und sie sind es, die in ihrer einfachen Sprache von der Kraft und der Schönheit zeugen mögen, die das Geheimnis des Schicksals eines jeden Menschen birgt.

Jene, die in den ersten Lebensjahren des kleinen Philipp auftauchen, wissen uns beinahe nichts Wertvolles zu sagen.

Es geschieht ohne Ambition, daß er im Kollegium von Pest, wo sein Vater ihn aufnehmen läßt, die Regeln der lateinischen Sprache erlernt, ohne großen Erfolg, wie die Zeugnisse jener Epoche bekunden. Der Unterricht, wir wissen es, war streng, Cicero war schwer, die Jugend unverstanden.

Zwei Jahre lang überquerte Philipp jeden Sonntag die schöne Brücke über die Donau, um das Mittagessen bei seinen Eltern einzunehmen, die ihn mit aneifernden Worten und Ratschlägen überhäuften. Die Träume des Spezereihändlers gingen hoch hinaus; wollte er denn nicht, daß Philipp Auditor in der Armee Franz' von Österreich werde? Gewiß war das ein äußerst einträglicher, beneidenswerter Beruf, den Kriegsgerichtsräten vorbehalten, welche die zwischen den Banden im Feld und den geprellten und unzufriedenen Gutsbesitzern unaufhörlich ausbrechenden Zwistigkeiten zu schlichten hatten.

Aber es ist ein weiter Weg zwischen dem Wunsch eines Vaters und dem Geschick seines Sohnes!

Recht und schlecht beendete Philipp seine ersten Studien und verließ am 4. November 1837 Budapest, um in Wien den Titel eines österreichischen Doctor iuris zu erwerben.

Die Reise sollte vier Tage in Anspruch nehmen. Ein Unfall, der sich in der Nähe von Preßburg ereignete, hielt die Postkutsche auf. Bei der Ankunft in Wien ist er müde, verstimmt.

Der erste Eindruck, den er von dieser Stadt empfing, war wahrlich schlecht. „Mein lieber Freund", schreibt er an Markusovsky am Tag nach seiner Ankunft, „wie sehr vermisse ich unsere Stadt, unsere Parks, unsere Promenaden! Nichts will mir hier gefallen …"

Niemals wird er Wien lieben. Die eigentlichen Ursachen dieser Antipathie treten noch nicht zutage, doch wird das Leben sie ihm später genau formulieren.

Von den ersten Tagen seines Wiener Aufenthaltes an fühlte er sich dort fremd, zum Leiden verurteilt. Sein ganzes Gefühlsleben blieb ungarisch, verschlossen. Lange Zeit bewahrte er diesen absoluten Glauben an die Seinen, bis sich seine Landsleute selbst eines Tages gegen ihn wandten.

Wahrscheinlich stand es geschrieben, daß er bei den Menschen nur Unglück finden sollte, wahrscheinlich werden für Wesen von solcher Spannkraft alle einfach menschlichen Gefühle zu einer Schwäche. Jene, die dazu bestimmt sind, bewunderswerte Dinge zu schaffen, verstehen nicht aus ein oder zwei vereinzelten Zuneigungen die seelischen Kräfte zu schöpfen, die ihr entsetzliches Schicksal durchglühen könnten. Mystische Bande ketten sie an alles, was lebt, an alles, was leidet, umklammern sie fest und entfesseln in ihnen oft einen heiligen Enthusiasmus. Niemals gelangen sie dazu, wie die meisten von uns, die Frau oder das Kind als den lebendigsten Teil unseres Daseins zu betrachten.

Letzten Endes schöpfte Semmelweis seine Existenz aus viel zu reichen Quellen, um von den andern verstanden zu werden. Er zählte zu jenen äußerst seltenen Wesen, die das Leben in seiner einfachsten und schönsten Erscheinung zu lieben vermögen: im Leben. Er liebte es mehr als vernünftig.

In der Geschichte der Zeiten ist das Leben nichts als ein Rausch, die Wahrheit der Tod.

Die Medizin ist im Verhältnis zum Universum nichts anderes als ein Gefühl, eine Klage, ein tätigeres Mitleid als die andern Wissenschaften, zu der Zeit, zu der Semmelweis für sie Interesse faßte, übrigens beinahe hilflos. Er gelangte zu ihr auf ganz natürliche Weise. Die Rechte fesselten ihn nicht lange. Ohne seinen Vater von seinem Entschluß zu verständigen, nahm er eines Tages an einer Vorlesung im Hospital teil, dann an einer Obduktion in einem Keller, wo die Wissenschaft einen Kadaver mit dem Messer prüfte … Und schließlich kann er mit den andern, die sich um das Bett eines Kranken sammelten, die Ausführungen Skodas mit anhören, dieses großen Arztes seiner Epoche, der über den Zustand und die Zukunft des Fiebernden spricht. Skoda war großartig, er besaß ein großes Wissen, viel Scharfsinn und beschrieb die Krankheit, wie man das Antlitz eines alten Bekannten beschreibt. In der Nacht steigt das Fieber, die Seele entweicht ... Andern Tags eine starre Masse, erloschene Glut, ein ausgebreitetes Laken — das emporgehoben wird. Die Autopsie ... Skoda brilliert durch sein Wissen, durch sein Feingefühl. Man findet sich hinein, man denkt nicht mehr an den Tod, man sieht nur noch Skoda, man lauscht nur noch ihm, man stirbt selbst eines Tages, ohne viel Aufhebens zu machen ... Das Glück der Ärzte kostet diesen Preis.

Es ist unbedingt erforderlich, Skoda, zumindest aber seine medizinische Tätigkeit zu schildern, denn sein Einfluß spielt in Semmelweis' Leben eine außerordentliche Rolle. Übrigens war er ein Mann von höchstem Rang, der sich eines wohlverdienten hohen Ansehens erfreute. Sein klinischer Unterricht wurde von immer zahlreicheren Hörern besucht, er konnte mit der aktiven Sympathie aller jungen Elemente der Wiener Medizin rechnen. Seine, das Werk von Auenbrugger fortführenden Arbeiten über die Auskultation waren mit großer Kühnheit verfaßt und wurden auf das heftigste bekämpft. Infolgedessen haftete seiner Berühmtheit eine Wärme an, die ernsten wissenschaftlichen Karieren oft fehlt.

Es ist kein Grund vorhanden, den Enthusiasmus zu bezweifeln, der Semmelweis zur Medizin treibt; mit Sicherheit aber können wir nichts anderes sagen, als daß er recht schnell der unmittelbare Schüler Skodas wurde und daß die juridische Fakultät noch vor Erringung seiner ersten Diplome sein Ausscheiden registrierte.

Von der Einstellung seines Vaters diesem Umschwung gegenüber ist uns nichts bekannt.

Skodas Unterricht klärte Semmelweis darüber auf, was der klinische Geist in der Natur vermag. War er auf dem Gebiet auch niemals so subtil wie sein Lehrer, seine Schöpfungen waren dennoch gediegener und er kam der Wahrheit merklich näher.

Ein anderer, weniger bekannter und vor allem weniger geräuschvoller Mann als Skoda, dessen Werk jedoch von viel größerer Tragweite war, bereicherte Semmelweis' Gedankenwelt um eine unerläßliche wissenschaftliche Methode; dieser Lehrer war Rokitansky.

Er hatte den ersten Lehrstuhl für pathologische Anatomie an der Wiener Fakultät inne. Es ist bekannt, daß er den Grundstein zu der großen Schule der histo-pathologischen Forschungen in Mitteleuropa legte, deren Arbeiten so zahlreich und bemerkeswert waren. Semmelweis zählt zu den Eifrigsten aus jener Anfangszeit. Was er hier lernt, scheint für immer in seine wesentlichsten Gedankengänge eingedrungen.

Man muß sich wohl fragen, welcher Einfluß und welche gottgegebene Harmonie es bewirkte, daß die Schrecknisse des damals unfaßbaren und entsetzlichen Kindbettfiebers vor Rokitanskys anspruchslosen, in den Kopf seines Schülers gehäuften Lehrsätzen, zu schwinden begannen. Die Vorstöße des Fortschritts sind hinfällig! Mit Zittern, fürwahr, gedenkt man der Gefahren, die er zu bannen sucht, der Unzulänglichkeit, über die er sich während seines Triumphzugs hinwegzuhelfen weiß. Es gibt keine kleinen Behelfe für das Genie, es gibt entweder Mögliches oder Unmögliches. Im Bereich des Mikroskops führte damals keine Wahrheit sehr weit auf dem Wege zur Unendlichkeit; die Kräfte des kühnsten, des exaktesten Forschers machten halt vor der pathologischen Anatomie.

Jenseits dieser wenigen farbigen Konturen auf dem Weg der Infektion gab es nichts mehr als den Tod und bloße Worte …

Es waren gewiß wesentliche Waffen, die Semmelweis von seinen beiden Lehrern empfing. Aber das war nicht alles, was sie ihm gaben. Das ganze Leben hindurch verfolgten sie sorgenvoll die Arbeiten und die Schritte ihres unvergeßlichen Schülers. Von großer Trauer erfüllt sahen sie ihn die Stufen seines Golgatha erklimmen und nicht immer begriffen sie ihn.

Indem sie ihn zu stützen, ihm zu raten suchten, wollten sie seinen stürmischen Eifer mäßigen, ihn von der Nutzlosigkeit seiner Verwegenheit, seiner endlosen Polemiken mit seinen übelwollenden Gegnern überzeugen. In den Jahren der erbarmungslosen Prüfungen, als die Meute der Feinde dem gehetzten, verfemten Semmelweis ihren Haß entgegenspie, reichten diese beiden alten Lehrer, obwohl des persönlichen Kampfes müde, einander die Hand, um ihn zu verteidigen. Skoda wußte die Menschen zu behandeln. Semmelweis wollte sie zerbrechen. Man kann niemanden zerbrechen. Er wollte sämtliche widerspenstigen Türen einschlagen und trug furchtbare Wunden davon. Sie öffneten sich erst nach seinem Tod.

Um uns streng an die Wahrheit zu halten, müssen wir hier auf einen großen Fehler Semmelweis' hinweisen: er war in allem und vorzüglich sich selbst gegenüber brutal.

In Wien mußte Skoda bereits nach wenigen Monaten intervenieren, damit sein Schüler nicht infolge Erschöpfung einer tiefen moralischen Depression verfalle.

Jähzornig, über alle Maßen empfindlich für die belanglosen Scherze, die sich die andern Studenten über seine ungarische Aussprache leisteten, glaubt er sich verfolgt, steht er am Rande des Wahnsinns. Skoda beschwichtigt ihn, sieht und versteht und verordnet schließlich, auf Semmelweis' Vertrauen gestützt, eine lange Ruhepause. Zu dieser Verordnung gesellen sich bald die Briefe der beunruhigten Mutter. All das bestimmt ihn schließlich, den so notwendigen Urlaub anzutreten.

Im Frühling 1839 kehrt er nach Budapest zurück, wo man ihn ungeduldig erwartet. Die Freude an der Heimkehr, die wiedergefundene Süße des Vaterhauses, lange Spaziergänge durch die lärmenden Straßen, alle diese Zerstreuungen heben seine Stimmung, festigen seine Gesundheit, befriedigen aber seinen Geist nicht. Er langweilt sich.

Mittlerweile hat die neue medizinische Fakultät in Budapest ihre Pforten geöffnet. Er läßt sich dort einschreiben. Doch der Unterricht, den man ihm erteilt, mißfällt ihm. Er äußert dies, es spricht sich herum. Die Folge davon sind Unannehmlichkeiten. 1841 kehrt er zu seinen Wiener Lehrern zurück. Ihr Verhältnis zu ihm hat sich in keiner Weise geändert, hingegen ist er in seinem tiefsten Wesen anders geworden. Er merkt dies, als ihn Rokitansky lange Versuche über die krankhaften Veränderungen des hepatischen Gewebes machen lassen will und Skoda ihn für seine stethoskopischen Spielereien zu interessieren sucht, für die er Talent zeigt. Er schlägt dies rundweg ab. Und ihre Überraschung ist ihm derart peinlich, daß er sich eines Tages aus ihrem Hörsaal zurückzieht und selbst das Hospital monatelang meidet.

Das, was auf der Fakultät gemacht wird, scheint ihm nun, vom Standpunkt der Kranken aus gesehen, an die er vor allem denkt, viel zu subtil, zu theoretisch, überflüssig.

Während dieser Krise in seinem Beruf treibt er sich gern in den botanischen Gärten herum, wo er den im Preisen der Vorzüge einfacher Gewächse unerschöpflichen Pflanzenkenner Bozatov zu Rate zieht. Die durchwegs empirische Wissenschaft dieses Kräuterkundigen entzückt ihn. Seiner Vorliebe nachgehend, liest er unendlich lange Werke über dieses Thema. Diese so unsichere und lügnerische Genesungsmusik berauscht ihn vollends. Monatelang widmet er sich der ebenso vagen wie armseligen Therapie; er bringt keinen Enthusiasmus mehr für die Überzeugungen Skodas, für die präzisen Befunde Rokitanskys auf. Und als die Stunde seiner Dissertationsarbeit schlägt, finden wir ihn noch ganz durchdrungen von diesem Gefühl.

Sie überfällt ihn.

Die Arbeit wird kurz: knapp zwölf Seiten.

Doch zwölf Seiten erfüllt von einer komprimierten Poesie, von schlichten Bildern. Dem Klassizismus von damals gemäß, ist sie auf leicht verständliche Art in lateinischer Sprache abgefaßt. Ihr Titel lautet: *Das Leben der Pflanzen.* Doch ist dies ein Vorwand, um die Eigenart des Rhododendron, des Maßliebchens, der Pfingstrose und vieler anderer Gewächse zu verherrlichen.

Daneben gefällt sich der Verfasser darin, uns mit allem Nachdruck Phänomene von allgemeiner Gültigkeit vorzuführen, unter anderm auch, daß die Sonne das Aufblühen der Blumen beschleunigt und der Frost ihm umgekehrt schädlich ist.

Es gibt nichts einfacheres, doch um des Pathetischen willen:

„Welcher Anblick", schreibt er, „vermag den Geist und das Herz eines Menschen mehr zu erfreuen, als der der Pflanzen! Als die prächtigen Blumen in ihrer wunderbaren Mannigfaltigkeit, die so liebliche Düfte verbreiten! Die den Gaumen mit den köstlichsten Säften versorgen! Die unseren Körper nähren und von Krankheiten heilen! Der Geist der Pflanzen inspiriert die Schar der Poeten des göttlichen Apollo, die über die zahllosen Formen der Blumen in Bewunderung gerieten. Die menschliche Vernunft sträubt sich, diese ihr unerklärlichen Phänomene, die jedoch von der Naturphilosophie anerkannt und respektiert werden, zu verstehen: allem, was besteht, entströmt wahrlich die göttliche Allmacht."

Diese Arbeit enthält noch weitere Stellen der gleichen melodiösen Inspiration und des gleichen Werts.

Sein Lehrer Skoda, der den Vorsitz der Kommission an der Fakultät führte, fragte ihn, offenbar um nicht desinteressiert zu scheinen, ob es möglich wäre, das Quecksilber bei der Behandlung von Erkrankungen durch gewisse Pflanzensäfte zu ersetzen und ersuchte ihn, folgendes delikate Thema zu behandeln: „Medizin und Empfindung". Selbstverständlich alles in einem schlechten Latein.

Das Wesentliche für uns ist die Tatsache, daß er an einem Tage, den manche Autoren in den März, andere in den Mai verlegen, unbestreitbar aber im Frühling 1844, die Doktorwürde erhielt.

Wie uns bekannt ist, war Skoda nicht nur ein bedeutender Kliniker; der Scharfsinn und die Klugheit, von denen seine Werke zeugen, förderten ihn auch unendlich in seiner glänzenden Karriere. Da er Semmelweis fünf Jahre nacheinander beobachten konnte, darf man wohl annehmen, daß er sich über seinen Schüler im klaren war. Offenbar ahnte er bei diesem jungen Ungarn die schöpferische Kraft, deren Ausgeglichenheit und Wert er an sich selbst kannte. Wir wollen nicht behaupten, daß er in jenen Tagen so etwas wie Eifersucht empfand, doch war er ängstlich auf seinen eigenen Ruhm bedacht und wollte der unumschränkte Beherrscher der internen Klinik Wiens bleiben.

Doch obwohl sein um jene Zeit erschienenes „Traktat über die Auskultation" zweifellos unumstößliche Entdeckungen enthielt, beinhaltete es dennoch auch viel Anfechtbares.

Seine Gegner scheuten sich nicht, dies vernehmen zu lassen und er mußte tagtäglich seine wissenschaftlichen Anschauungen verteidigen, von denen noch nichts erprobt und bewährt schien.

Es war ein schwieriger Augenblick und Skoda wußte erfahrungsgemäß und besser als alle andern, daß die allzu brillanten Schüler zu den schrecklichsten Bekämpfern der Lehrer werden. Zweifellos geschah es auf Grund dieser Mutmaßung, daß er seine Thesen über die innere Medizin, die ihm eine überragende, aber umstrittene Vormachtstellung verliehen, durch den so schlagfertigen, so feurigen Semmelweis für bedroht hielt.

Nachdem er *Das Leben der Pflanzen* vergessen hatte, kehrte Semmelweis selbstverständlich zu ihm zurück.

Skoda empfing ihn hocherfreut und erweckte in ihm die Hoffnung auf einen Posten an seiner eigenen Klinik. In Wirklichkeit stellte er ihm, der mit mehr gerechnet hatte, einen nebensächlichen Lehrauftrag an seiner Seite zur Verfügung.

Semmelweis gab sich zufrieden. Doch im September 1844, als die Stellung eines Assistenten bei Skoda öffentlich ausgeschrieben wird und er sich zuversichtlich zu den Prüfungen einfindet, geht ein Konkurrent als Sieger hervor: Dr. Löbl.

Semmelweis scheidet aus.

Um diese Enttäuschung zu rechtfertigen, beruft sich Skoda auf die verhängnisvolle Altersfrage, die tatsächlich zu Löbls Gunsten entscheidet.

„Es ist auch eine Frage der Geduld", sagt er, „und da die nächste Stellenausschreibung sicher bald folgen dürfte, wird sich alles einrenken!" Es läßt sich nicht leugnen, daß diese Entschuldigung in gewissem Sinn berechtigt war, doch diente sie so sehr den eigenen Plänen, daß man sie als spitzfindig bezeichnen muß.

Man lasse sich jedoch nicht dazu verleiten, seine Aufrichtigkeit Semmelweis gegenüber einer strengen Kritik zu unterziehen. Es steht außer Zweifel, daß er ihn immer gern gehabt hat, doch ließ er dabei gewisse Grundsätze der

Vorsicht und des Abstands nicht außer Acht. War er vielleicht im Recht? Man mag die Glut des Feuers lieben, doch niemand will sich daran verbrennen. Semmelweis war das Feuer.

Schließlich finden wir ihn, mehr oder weniger getröstet, im Schatten Skodas darauf warten, daß auch seine Stunde schlägt. Wahrscheinlich würde er noch jahrelang in diesem Zustand verharrt haben, hätte Rokitansky, den seine aktuellen Arbeiten über die Infektion in täglichen Kontakt mit der Chirurgie brachten, Semmelweis und seinen Enthusiasmus für das Heilen nicht in einen Bereich mitgerissen, in dem es damals nur Unwissenheit und Mißerfolge gab. Man muß sich ins Gedächtnis rufen, daß vor Pasteur durchschnittlich mehr als neun von zehn Operationen mit dem Tode oder einer Infektion endeten, die nur ein langsamer und grauenhafterer Tod war.

Es ist begreiflich, daß angesichts der so geringen Erfolgsaussichten Operationen nur höchst selten vorgenommen wurden. Eine kleine Zahl von ohnehin fast überflüssigen Chirurgen machte einander damals die drei oder vier offiziellen Stellen in Wien streitig.

In ihrer Mitte geschieht es, daß Semmelweis zum ersten Mal Abscheu vor dem Wortschwall empfindet, mit dem man die Infektion und all ihre Nuancen abzutun pflegt. Diese Nuancen waren nahezu zahllos. Es war eine Frage des Talents, den Tod durch „dickflüssigen Eiter", „dünnflüssigen Eiter", „harmlosen Eiter" zu erklären. Im Grunde ein Fatalismus mit hochtrabenden Worten, der leere Schall der Machtlosigkeit.

Keiner dieser Chirurgen, im höchsten Maße befriedigt, die ihnen gewährten seltenen Ehren erlangt zu haben, nahm es mit der Aufrichtigkeit genau. Mit Ausnahme von Rokitansky hatte die Menschheit von dieser Gruppe nicht viel zu erwarten.

Der naturalistische Optimismus Semmelweis', von dem seine Dissertation übersprudelt, wurde einer harten Prüfung unterzogen.

Niemals wird er dies vergessen.

Und es geschieht zum Schluß dieser beiden über der Chirurgie verbrachten Jahre, daß er mit dem seiner ungeduldigen Feder schon damals eigentümlichen Unterton von Bitterkeit niederschreibt: „Alles, was hier geschieht, scheint mir überflüssig, die Todesfälle folgen einander mit Selbstverständlichkeit. Die Operationen werden fortgesetzt, ohne daß man ernstlich nachprüft, warum der eine Kranke im gleichen Fall früher stirbt als der andere."

Überfliegt man diese Zeilen, so muß man sagen, daß damit eine Tat gesetzt ist!

Daß sein Pantheismus begraben liegt. Daß er zu revoltieren beginnt, sich auf den Weg der Erleuchtung begibt! Nichts wird ihn fortan zurückhalten. Er weiß noch nicht, an welchem Ende er die grandiose Reform dieser verfluchten Chirurgie anpacken soll, allein er ist der zu dieser Mission berufene Mann; er fühlt es und das Starke daran ist, daß es wenig später wahr wird.

Nach einem brillanten Wettbewerb wird er am 26. November 1846 zum Chef der Chirurgischen Abteilung ernannt. Da sich jedoch unter den in Frage kommenden Lehrstühlen kein freier Platz befindet, wird er ungeduldig. Dies umso mehr, als die Geldsendungen, die seine Familie ihm zuwendet, immer seltener werden. Da seine Eltern mit der Möglichkeit rechnen, seine Bedürfnisse nicht lange mehr bestreiten zu können, drängen sie auf Beendigung seiner Studien und auf Eröffnung einer Praxis. Sein Vater war erkrankt; der Spezereiladen hatte offenbar viele von seinen Kunden verloren. Semmelweis vertraut die drückenden Sorgen seinen Lehrern an, die unverzüglich ihren ganzen Einfluß beim Minister für ihn geltend machen.

Die Ereignisse überstürzen sich.

Da die Chirurgie keinerlei Möglichkeiten bietet, sucht man ihn in der Geburtshilfe unterzubringen. Klin fordert einen Assistenten, man schlägt ihm Semmelweis vor. Der aber verfügt nicht über das notwendige Diplom. Im Zeitraum von zwei Monaten legt er alle erforderlichen Prüfungen ab.

Am 10. Januar 1846 zum Doktor der Gynäkologie promoviert, wird er am 27. Februar des gleichen Jahres zum Assistenten Klins ernannt. Von nun an gehört er dem Kader des Allgemeinen Krankenhauses in Wien an, wo Professor Klin einer der Gebäranstalten vorstand. In geistiger Hinsicht war dieser Klin ein belangloser, selbstgefälliger Mann. Sämtliche Autoren haben diese Charakterzüge hervorgehoben. Es konnte daher niemand wundernehmen, daß er bei den ersten Äußerungen des Genies seines Assistenten in Wut geriet. Das war das Werk weniger Monate. Kaum hatte er Zeit gefunden, der Wahrheit über das Kindbettfieber ins Auge zu sehen, als er sich bestimmt sah, sie mit allen ihm zu Gebote stehenden Mitteln und Einflußmöglichkeiten zu ersticken.

Das ist es, was ihn vor der Nachwelt für alle Zeiten strafbar und lächerlich macht. Denn diese Einstellung veranlaßte ihn, sämtliche Eifersüchteleien, sämtliche Idiotien in erbärmlichster Weise gegen Semmelweis und die Verbreitung seiner Entdeckungen ins Feld zu führen.

Nicht nur seine angeborene Dummheit, seine gesicherte Stellung machte ihn gefährlich, er war auch gefürchtet wegen der Gunst, der er sich bei Hofe erfreute.

In der unerhörten Tragödie, die sich um das Kindbettfieber herum abspielte, war Klin der große Helfershelfer des Todes. „Das wird ihm ewig zur Schande gereichen", rief Vernier, als er später von seinem unheilvollen Einfluß, seiner albernen und wütenden Sabotage sprach.

Fürwahr, das alles ist die schöne und große Seite der Gerechtigkeit. Aber gibt es nicht noch eine andere, die der unparteiische Historiker nicht übersehen darf?

So hoch man das Genie in der Tat auch stellen mag, so rein die Wahrheiten sind, die man verkündet, hat man das Recht, die gigantische Gewalt der Absurdität zu verkennen? In der chaotischen Welt bedeutet das Bewußtsein nicht mehr als ein kleines, kostbares, doch sehr gefährdetes Licht. Man entzündet einen Vulkan nicht an einer Kerze.

Semmelweis mußte es ebenso wie vielen seiner Vorläufer ungeheuer schwerfallen, sich den Hirngespinsten der Dummheit zu unterwerfen, umso schwerer, als er über eine so überwältigende, für das menschliche Glück so wichtige Entdeckung verfügte, wie er sie Tag für Tag in Klins Gebäranstalt erprobte.

Und dennoch: Wenn man die Dokumente dieser Tragödie, deren Opfer er übrigens mitsamt seinem Werke wurde, neuerlich liest, dann kann man sich des Gedankens nicht erwehren, daß Semmelweis mit besseren Umgangsformen und etwas mehr Taktgefühl dem kindisch ehrgeizigen Klin weniger gute Handhaben für dessen Beschwerden gegen seinen Assistenten geliefert hätte.

Man kann beinahe mit Sicherheit behaupten, daß die meisten von uns, dort, wo Semmelweis zusammenbrach, mit ein wenig Lebensklugheit, mit einem einfachen Feingefühl ihr Ziel erreicht hätten. Ihm fehlte, oder vielleicht vernachlässigte er es vorsätzlich, das unerläßliche Verständnis für die Konventionen seiner, oder besser gesagt, sämtlicher Epochen, ohne das die Dummheit eine unbesiegbare Kraft bliebe.

Nach menschlichen Begriffen war er unbeholfen.

Zwei für die Geburtshilfe bestimmte Pavillons von gleicher Bauweise erhoben sich, in unmittelbarer Nachbarschaft, im Jahre 1846 inmitten der Gärten des Allgemeinen

Krankenhauses zu Wien; der eine der beiden wurde von Professor Klin geleitet; der zweite unterstand seit nahezu vier Jahren der Führung des Professor Bartsch. Durch die Gärten, in Schnee, Rauhreif und scharfem Wind, mußte sich Semmelweis am Morgen des 27. Februar zu seinem neuen Dienst begeben.

Er wußte wohl, daß er auf diesem Gebiet noch schlimmere Leiden finden werde, als er sie bislang in der Chirurgie zu sehen bekommen hatte, doch ahnte er nicht, in welch ständiger Erregung, in welch dramatischer Intensität sich das tägliche Leben bei Professor Klin abspielte.

Im Nu war Semmelweis in den endlosen Totentanz rings um diese beiden entsetzlichen Pavillons gerissen, mitgezerrt, zerfleischt. Es war an einem Dienstag. Er sollte die Aufnahme der schwangeren Frauen vornehmen, die aus den übervölkerten Bezirken der Stadt kamen.

Offenbar konnten sich mit der Niederkunft in einem so übel berüchtigten Spital nur diejenigen abfinden, die in den schlechtesten Verhältnissen lebten.

Ihren angstvollen Eröffnungen entnahm Semmelweis, daß die Gefahr des Kindbettfiebers bei Bartsch zwar erheblich waren, daß aber bei Klin zu gewissen Zeiten das Todesrisiko der Gewißheit gleichkam.

Diese Gegebenheiten, klassisch geworden unter den Frauen Wiens, bildeten vom Augenblick an für Semmelweis den Ausgangspunkt für seinen Zug für die Wahrheit.

Die Aufnahme der von Wehen befallenen Frauen erfolgte in den beiden Pavillons abwechselnd je vierundzwanzig Stunden lang. Als es an jenem Dienstag vier Uhr schlug, schloß der Pavillon Bartschs, der von Klin öffnete seine Pforten.

Vor Semmelweis spielten sich hierauf dermaßen herzzerreißende, dermaßen tragische Szenen ab, daß man bei ihrer Lektüre trotz aller Gegenargumente nicht begreifen kann, wieso die Begeisterung für den Fortschritt nicht unumschränkt war.

„Eine Frau", erzählte er später im Zusammenhang mit jenem ersten Tag, „wird um fünf Uhr Nachmittags, mitten auf der Straße, von heftigen Schmerzen befallen . .. Sie hat kein Heim .. . strebt hastig dem Hospital zu und merkt im gleichen Augenblick, daß es zu spät ist ... Da steht sie nun und bittet flehentlich für ihr Leben, das sie für ihre andern Kinder erhalten will, man möge sie bei Bartsch aufnehmen ... Diese Gunst wird ihr verweigert. Sie ist nicht die einzige!"

Von diesem Moment an wird der Aufnahmesaal zu einem Scheiterhaufen der wildesten Verzweiflung, wo zwanzig Familien schluchzen, flehen ... um die Frau oder Mutter, die sie hierherbrachten, häufig wieder mit Gewalt mitfortzureißen.

Fast immer ziehen sie es vor, auf der Straße zu entbinden, wo die Gefahren fürwahr viel geringer sind.

Zu Klin kommen tatsächlich nur die, welche in äußerster Not, ohne Geld, ohne Rückhalt sind, ja sogar ohne einen Arm, der sie im letzten Moment diesem vermaledeiten Ort entreißen könnte. Zum Großteil sind es die von den hartherzigen Sitten ihrer Zeit am tiefsten Erniedrigten, am schwersten Verdammten: fast immer sind es unverheiratete Mütter.

In Semmelweis' Schicksal, wo das große Unheil so zuhause schien, fielen die Leiden zuweilen mit solcher Wucht auf ihn herab, daß es geradezu absurd schien.

Kaum hatte er den ersten und schmerzlichen Kontakt mit seinem Wirkungskreis aufgenommen, kaum hatte er sich so weit in der Gewalt, um die Klagen jener, deren letzte Stunde schlug, nicht mehr zu vernehmen ... als ihm zwei Briefe eingehändigt werden: der eine meldet ihm den Tod seiner Mutter, der zweite das wenige Tage später erfolgte Ableben seines Vaters.

Bei der Wiedergabe dieses Lebens scheint man alle Ausdrucksformen für das Unglück auszuschöpfen. Die Terminologie, die man bei der Schilderung seines Werkes unablässig zu Hilfe ziehen muß, scheint ganz und gar dem dunklen Arsenal der Leichenreden entnommen. Womöglich aber waren die Tatsachen noch düsterer als ihre Schilderung.

Das grausige Verhängnis, das über Klins Pavillon schwebt, lastet von nun an auf ihm. Es zermalmt die Männer, die Frauen und die Dinge, die sich in diesen Umkreis begeben. Er selbst wehrt sich gegen das Schicksal und wird nicht zermalmt, leidet darunter aber die ganze Zeit hindurch mehr, als alle andern. Es ist in Wien das gleiche wie in Paris, in London dasselbe wie in Mailand. Früher oder später haben sie alle das Haupt vor der Geißel des Kindbettfiebers gesenkt. Scheinheilig, im Grunde ihres Herzens aber gleichgültig, haben sie alle mit dem Tod paktiert. Und wenn die Gelehrtesten unter ihnen sich von Zeit zu Zeit zu einem klugen Vorschlag aufrafften, dann waren die dürftigen Quellen ihrer kleinen Talente bald versiegt und man kehrte unverrichteter Dinge wieder zu der offiziellen Stellungnahme zurück … Das Fieber der Gebärenden! Ein gottgewollter Fluch! Entsetzlich! Aber so üblich!

In der Reihe der kosmischen Katastrophen schien es unvermeidlich …

Die gottesfürchtigen und verächtlichen Routiniers betrachteten es, ohne viel Worte daran zu wenden, als eine Art schmerzlichen Tribut, der von der Frau aus dem Volke für die Freuden der Mutterschaft eben häufig entrichtet wird.

Andere wieder, nicht im Bann der professionellen Gewohnheit, begehrten auf, gerieten in Raserei, schlugen Lärm …

Um diese Zeit wurden schließlich Kommissionen ernannt.

Sie setzten sich jedesmal aus verantwortlichen Gelehrten zusammen.

Es ist ein leichtes Spiel, diese endlosen, einander folgenden Kommissionen lächerlich zu machen! Suchen wir lieber ihren Bemühungen gerecht zu werden!

Sie waren vergeblich, wie dies bei der ansteigenden Tendenz des Kindbettfiebers im Jahre 1842 bei Klin nicht anders zu erwarten stand, als im August 27 von 100, im Oktober des gleichen Jahres 20 von 100 Wöchnerinnen dahinschieden und im Monat Dezember durchschnittlich 33 Todesfälle auf 100 Entbindungen entfielen.

Auch andere Kommissionen befaßten sich ergebnislos mit diesem Problem aller Zeiten. Eine der am wenigsten erfolglosen scheint diejenige, die von Ludwig XVI. eingesetzt wurde, als eine Kindbettfieberepidemie im Jahre 1774 das Pariser Krankenhaus *Hôtel Dieu* dezimierte. Bei dieser Gelegenheit war es die Milch, der man die Schuld zuschrieb, und das medizinische *Collège* in Paris ließ dem König als Heilmittel gegen die Epidemie die Schließung sämtlicher Entbindungsheime sowie die Entfernung der Ammen in Vorschlag bringen.

Das war nicht gut, aber auch nicht schlecht.

Auch in Wien wurde im Mai 1846 in höchster Eile eine kaiserliche Kommission einberufen, als die Statistiken Klin eine Serie von Todesfällen mit der Mortalität von 96 von 100 zur Last legten. Was soll man von jenen halten, aus denen diese Kommissionen sich zusammensetzten? Waren diese Menschen ebenso einfältig, waren sie ebenso machtlos wie die Heilmittel, die sie vorschlugen? Keineswegs. Aber sie waren keine Genies, es war ein schier übermenschliches Problem, den pathologischen Knoten zu entwirren, bevor Pasteur den Mittelmäßigen sein Licht lieh.

Aber ist es nicht immer so bei den großen Ereignissen dieser Welt, wenn die Flut der materiellen und spirituellen, der dunklen Mächte die Menschen in heulenden, doch fügsamen Massen mit fortreißt und dem mörderischen Ende entgegenschleudert? Nur wenigen Talentierten ist es vergönnt, sich anders hervorzutun, als durch einen schnelleren Sprung in den Abgrund, einen Schrei, der stärker gellt, als der des anderen: Eine seltene Erscheinung ist der, welcher mitten in der Besessenheit der Umwelt, die man Ergebenheit nennt, Mut und Kraft genug in sich findet, dem gemeinsamen Schicksal, das ihn mit sich schleift, die Stirn zu bieten. Im Schatten wird er den Schlüssel zu dem bis dahin gefürchteten Geheimnis entdecken. Fast immer findet ihn jener, der ihn mit genügend Glauben finden will, denn den Schlüssel gibt es immer und vor der Kühnheit des Entdeckers wendet sich die Flut der Ergebenheit andern Albernheiten zu, bis eines Tages ein neues Genie auftaucht.

Semmelweis erwählte die Aufgabe, die ihm entsprach und in seiner Zeit lag. Erst später legte er sich selbst Rechenschaft über seine Rolle unter den Menschen ab.

„Das Schicksal hat mich", so schreibt er, „zum Missionar der Wahrheit ausersehen, sofern es sich um die Maßnahmen handelt, die man ergreifen muß, um das Kindbettfieber zu vermeiden und zu bekämpfen. Ich habe bereits vor langer Zeit aufgehört die Angriffe zu beantworten, deren Gegenstand ich unausgesetzt bin; der Ablauf der Dinge wird meinen Gegnern beweisen, daß ich vollkommen im Recht war, obwohl ich es nicht für nötig hielt, an den Polemiken teilzunehmen, die dem Fortschritt der Wahrheit künftighin nicht dienen können."

Von anderen Gebieten her sind wir an ebenso feierliche Erklärungen von Denkern und Politikern gewöhnt, die sich dabei jedoch auf keine exakte oder erwiesene Tatsache stützen; alles in allem ist das nichts anderes als ein literarisches Spiel. Die vorliegende dagegen stellt eine entscheidende Wendung in unserer Biologie dar.

Doch kehren wir zu der Epoche zurück, in der wir Semmelweis verlassen haben, das ist im Jahre 1846. Wir finden ihn weit entfernt von seiner früheren wunderbaren Sicherheit. In jenen Tagen ist alles in ihm widerspruchsvoll, zerrüttet. Er forscht in den Protokollen der kaiserlichen Kommission. Kein einziges von den Heilmitteln, die sie empfiehlt, und die man zur praktischen Anwendung brachte, zeigt ein Resultat. Ja nicht einmal den Keim einer Hoffnung.

Semmelweis bleibt daher auf seine eigenen Kräfte angewiesen.

So kommt es, daß er die kritische Durchforschung der Vergangenheit vornimmt, daß er die Irrtümer und Lügen aufdeckt, die die Wahrheit verdunkeln und eine nach der andern beiseite schiebt, wie welke Blätter, die eine Blume ersticken, die er sucht. Mit ehernen Lettern vermerkt er ein für allemal den geistigen Ausgangspunkt auf dem Wege zur Entdeckung: *Man stirbt bei Klin mehr als bei Bartsch.*

Alle vor ihm hatten dies gemerkt, doch keiner hatte sich damit beschäftigt. Für ihn bedeutete es den einzigen Anhaltspunkt in dieser ganzen Tragödie, wo alles so dunkel ist. Er wird immer wieder von ihm ausgehen und immer wieder zu ihm zurückkehren. Dennoch weist er die unzähligen Spuren zurück, die man ihm zeigt. Er hält nichts von ihnen. Und doch, als es ihm Dank seiner Überredungskunst und leider! seiner Brutalität gelingt, diejenigen gefügig zu machen, die ihm helfen wollen oder dies zumindest vortäuschen, mehren sich die Lösungen. Seine Umgebung wetteifert an Einfällen, in Wirklichkeit aber nur aus Ehrgeiz. „Wenn man bei Bartsch weniger stirbt", so versichern diese großen Geister in ihrer Angst, überholt zu werden, „dann nur deshalb, weil bei ihm die Untersuchungen ausschließlich von Hebammen vorgenommen werden, während sie bei Klin den Studenten vorbehalten bleiben, die durch ihre Rücksichtslosigkeit und Brutalität eine tödliche Entzündung bewirken!" Man war damals felsenfest überzeugt, daß die Entzündung die Ätiologie des Kindbettfiebers sei.

Hurra! Die Welt war gerettet!

Semmelweis greift unverzüglich die durch seine Gegner gegebene Anregung auf und geht zu ihrer praktischen Überprüfung über.

Die Hebammen, deren Probezeit bei Bartsch beendet war, werden durch Studenten ersetzt.

Der Tod folgt den Studenten auf dem Fuß, die Statistiken bei Bartsch werden beängstigend und Bartsch schickt die Studenten entsetzt dorthin zurück, woher sie kamen.

Semmelweis weiß nun (und die anderen ebenfalls, sofern sie sich dem nicht verschließen), daß die Studenten die hauptsächlichste Rolle bei dem Unglück spielen. Das ist viel. Die Folge davon ist eine ganze Sintflut von Ratschlägen. Auch Klin, den die Revolution, die sein Assistent in dieser vermaledeiten Domäne heraufbeschwören will, zu beunruhigen beginnt, Klin, dessen gynäkologische Tätigkeit in ganz Österreich eine tragische Reputation genießt, versucht nun die Behauptung aufzustellen, daß es die ausländischen Studenten seien, die das Kindbettfieber verbreiten.

Auf Verlangen des Chefarztes werden Abführmittel verordnet und die Zahl der Studenten sinkt infolge der Abreise der Ausländer von achtundvierzig auf zwanzig.

Auf Grund dieser Maßnahmen vermindert sich die Mortalitätsziffer während etlicher Wochen …

Man muß bedenken, daß eine kleine Besserung dieser Art den, der leidenschaftlich die Oberfläche des Unbekannten beobachtet, leicht irreführen kann. Wenn der Geist des Forschers hier länger als notwendig verweilt, wenn er sich in nutzlosen Erörterungen verliert, gerät das armselige, zögernde, wankende Fuhrwerk der Forschung für lange Zeit, ja vielleicht für immer in den Sumpf. Das trifft nicht zu für Semmelweis, der, gottlob, Eingebungen hat! Er setzt sich über diese Nichtigkeiten hinweg, er will Besseres, er will vollkommen klar sehen, er will es zu gewaltsam.

Sein Enthusiasmus kennt kein Schwanken. Sein schlechtes Benehmen trägt Schuld, daß er der Unduldsamkeit, der Respektlosigkeit vor Klin bezichtigt wird. Leider auch mit Recht!

Manche finden, sein Stolz sei unerträglich; man könnte sagen, daß er „mit dem Ei des Kolumbus spiele". In seinem Forschereifer zieht er sich vom Alltagsleben zurück, er ignoriert es, lebt nur noch seiner Leidenschaft, mit solcher Kraft, mit solcher Beharrlichkeit, daß er immer wieder, ohne locker zu lassen, zu der einzigen erwiesenen und exakten Tatsache zurückkehrt: daß *man bei Klin mit den Studenten mehr stirbt als bei Bartsch mit den Hebammen".* Niemals läßt er ab davon, jenen, die es hören wollen oder nicht hören wollen, zu wiederholen: „Die kosmischen, tellurischen, hygrometrischen Ursachen, die man dem Kindbettfieber unterschiebt, müssen unbedingt bedeutungslos sein, da man bei Klin mehr stirbt als bei Bartsch, im Hospital mehr als in der Stadt, wo doch die kosmischen, tellurischen Ursachen und was man sonst noch will, da und dort dieselben sind."

Eines Tages erschaut er mitten in dieser Finsternis in der Ferne einen flüchtigen, doch unverkennbaren Lichtstrahl. Er ist nicht überrascht, er erkennt ihn. Ist es nicht eine der wertvollsten, ja vielleicht die hervorragendste Eigenschaft desjenigen, der in den unbekannten Regionen der Wissenschaft triumphiert, daß er die sichere, unumstößliche Tatsache, so kurz auch ihre Erscheinung währen mag, ungeachtet ihrer mangelnden mittelbaren oder unmittelbaren

Bedeutung unter allen parallel laufenden Tatsachen heraus-
findet, weil seine Kräfte in diesem Augenblick sich selbst
übertreffen? Seine Erkenntnis war richtig.

„Das was ich suche, liegt in unserer Klinik und nirgends
sonst." So sagte er am Abend des vierzehnten Juli 1846 zu
Markusovsky.

Allein, ohne daß er darum weiß, vielleicht aber weil er
sie mißachtet, entfesseln sich die feindseligen Gefühle der
Menschen. Eine unheilvolle Woge braust über seinen Namen hinweg. Die Worte, die man gebraucht, um seine Haltung zu kennzeichnen, verhüllen nicht mehr ganz den Haß,
den er hervorruft.

In der Stille schäumt der Haß über.

Klin spricht nicht mehr mit ihm, so haben sich ihre Beziehungen im Zeitraum von fünf Monaten zugespitzt. Bei
einer Professorenkonferenz läßt er ihm, vielleicht um ihn
irrezuführen, mitteilen, daß die von ihm gesuchte Ursache
der Kindbettfieberepidemie auf das Alter der Räume zu-
rückzuführen sei. Semmelweis entgegnet ihm sofort, übrigens nicht sehr taktvoll, daß man in Boers Klinik, die die
älteste von Wien ist, nachweisbar viel weniger stirbt als in
der seinen.

Es war vorauszusehen, daß Klin unter der Einwirkung
dieser neuen Anmaßung entscheidende Schritte einleiten
werde.

Von nun an wartete er nur auf eine passende Gelegenheit, um seinen Assistenten der Stellung zu entheben. Semmelweis war gewarnt worden; überdies verbrachte er die
ganzen Nächte von diesem Augenblick bis zu seiner Ent-
lassung in der Klinik, am Lager der Wöchnerinnen, besonders an dem der Sterbenden; er ahnte, daß seine Tage im
Hospital gezählt waren … Wenn er die Wahrheit zuweilen
auch schon zu berühren glaubte, war seine Kraft doch noch

nicht groß genug, um sie dem Dunkel zu entreißen, in das sie sich auf hundert Arten hüllte …

Er sieht, daß die von Tag zu Tag sich mehrenden Feinde seine Bemühungen verspotten und er um jeden Preis schnell sein Ziel erreichen … oder tiefer in die untätige Herde zurückversinken muß, wo er nicht leben kann – – –

Die Tage, die Nächte folgen einander, sie sind entsetzlich, besonders die Nächte …

Markusovsky, der ihn besucht, gesteht er, „daß er nicht mehr schlafen kann, weil der verzweifelte Ton der Totenglocke, der den Priester mit den Sterbesakramenten begleitet, den Frieden seiner Seele für immer gestört hat. Daß all die Greuel, deren machtloser Zeuge er täglich wird, ihm das Leben zur Hölle machen. Daß er diesen Zustand, wo alles, außer der Zahl der Toten, dunkel ist, nicht länger ertragen kann".

Und ein jeder hört diese Glocke. Nun bezichtigt man ihn (wen bezichtigt man nicht?), daß er die in den Wehen liegenden Frauen in einen Zustand der Beängstigung versetze, der sie für das Kindbettfieber empfänglich macht. Gleichzeitig schafft man die Totenglocke ab. Der Priester macht einen Umweg, um sich an das Lager der Sterbenden zu begeben.

Nicht lange danach berechtigt eine weitere Feinheit zu neuen Hoffnungen. Konnte man nicht feststellen, daß die unverheirateten Frauen, die ledigen Mütter, beim Herannahen der Niederkunft bedrückter als die andern sind?

Das, rufen die Psychologen, ist der wirkliche Grund! Ein bis zwei Monate strichen dahin und dann kam der Frost an die Reihe (nach der Hitze, nach der Diät, nach dem Mond), für schuldig erklärt zu werden.

Während diese lächerlichen und spitzfindigen Deutungen einander folgten, merkte Semmelweis, daß die Frauen, die unerwartet auf der Straße entbanden und erst hernach zu Klin kamen, selbst in den Zeiten der sogenannten Epidemie, nahezu immer verschont blieben.

Durch die vorangehende Erfahrung bereits klar darüber, daß den Studenten ein besonderer Fluch anhafte, beobachtet er sie immer genauer bei ihrem Kommen und Gehen, bei allem, was sie treiben. Gleichzeitig entsinnt er sich, da er bei Rokitansky lange ausschließlich mit Obduktionen zu tun hatte, der häufig tödlich verlaufenden, beim Sezieren entstandenen Wunden, die sich die gleichen Studenten mit den beschmutzten Instrumenten zuzogen.

Seine Gedanken überstürzen sich.

In den nun folgenden Tagen ersucht er Rokitansky, ihm Doktor Lautner beizuordnen, um an seiner Seite Obduktionen und Gewebeschnitte an den Leichen durchführen zu können, ohne übrigens bei seinen histologischen Forschungen eine besondere Richtung einzuschlagen. Alles in allem „Experimente, um zu sehen", wie Claude Bernard später sagte.

In jenen Tagen ist er der Wahrheit so nahe, daß er ihre Konturen beinahe zu tasten vermeint. Noch näher kommt er ihr, als er daran denkt, sämtlichen Studenten, bevor sie die schwangeren Frauen berühren, Handwaschungen vornehmen zu lassen. Fragt man nach dem „Warum" dieser Maßnahme, dann entspricht es durch nichts dem wissenschaftlichen Geist jener Epoche. Es war reine Phantasie. Dennoch läßt er bei den Eingängen der Klinik Waschbekken anbringen, und erteilt den Studenten die Weisung, vor sämtlichen Eingriffen an den Gebärenden sich sorgfältig die Hände zu reinigen.

Aber die anfangs gleichgültige, später feindselig gewordene menschliche Trägheit, die er allzusehr vernachlässigte, holte zu einem Schlag gegen seinen Aufstieg aus. Tags darauf näherte sie sich ihm mit den Schritten Klins.

Semmelweis unterrichtet Klin unmittelbar bei seinem Betreten der Klinik von den getroffenen Reinlichkeitsmaßnahmen und fordert ihn auf, sich ihnen ebenfalls zu unterziehen. In welchen Worten wurde dieser Vorschlag vorgebracht ... ? Selbstverständlich wollte Klin eine Erklärung dieser vorzunehmenden Waschungen hören, die ihm, *a priori*, vollkommen lächerlich erschienen.

Wahrscheinlich dachte er an eine Marotte ...

Semmelweis seinerseits ist nicht imstande, ihm eine überzeugende Antwort zu geben oder ihm eine angemessene Theorie zu unterbreiten, denn er wollte den Zufall versuchen. Klin lehnte rundweg ab.

Entnervt durch die erschöpfenden Nachtwachen, brauste Semmelweis auf und ließ den Respekt außeracht, den er, trotz allem, selbst dem schlechtesten seiner Lehrer schuldete.

Gewiß, der Anlaß war zu schön, als daß Klin ihn nicht aufgegriffen hätte. Tags darauf, am 20. Oktober 1846, wurde Semmelweis in brutaler Weise abberufen.

In den beiden Pavillons triumphierte das einen Moment lang bedrohte Fieber ... es tötet straflos, wie es will, wo es will ... in Wien ... 28 von 100 im November ... 40 von 100 im Jänner ... der Kreis schließt sich um die ganze Welt. Der Tod führt den Reigen an ... um ihn herum klingen die Glocken ... In Paris bei Dubois ... 18 von 100 ... 26 von 100 bei Schuld in Berlin ... bei Simpson 22 von 100, in Turin sterben von 100 Wöchnerinnen 32.

Wie sich vermuten ließ, rief dieser Vorfall in der medizinischen Welt, ja sogar bei Hof, einige Bewegung hervor und von dort kam der Auftrag, eine Untersuchung der Umstände der Abberufung durchzuführen. Kraft seiner

Stellung als Chefarzt im Allgemeinen Krankenhaus mußte Skoda, so peinlich ihm dies war, die Entfernung seines Schülers bis zu einem gewissen Grade gutheißen. Nicht vielleicht, daß er Semmelweis' Geschick dessen Feinden ausgeliefert hätte, doch er kannte nur zu gut Klins Beliebtheit bei Hofe, um durch eine kategorische Stellungnahme seinen Schützling und damit auch seine eigene Position zu gefährden. Übrigens hatte Skoda mehrere Eisen im Feuer, deren er sich je nach Bedarf zu bedienen wußte. Unter anderem besinnt er sich darauf, eine Zeit lang Hausarzt der kaiserlichen Familie gewesen zu sein und als Klin sich etwas beruhigt hat, macht Skoda seinen ganzen Einfluß bei Hofe geltend, um Semmelweis wieder zu der verlorenen Stellung zu verhelfen.

Die Welt der Höflinge hat keine andere Daseinsberechtigung als die Förderung sämtlicher Intrigen, sämtlicher berechtigter oder unberechtigter Interessen, die in diesem Milieu leichtes Spiel haben. Das traf auch für Semmelweis' von Skoda vertretenem Fall zu. Aber ist es nicht immer so, daß man nur für jene mit Erfolg intrigiert, die nicht zugegen sind? Man entfernte daher den hitzigen Philipp, indem man ihn für einige Zeit eine Reise antreten ließ. Was die Wahl des Ortes anlangt, war Venedig in Mode. Musset war von dort zurückgekehrt und weinte seine Abenteuer dem willfährigen Echo des Parnaß vor:

„Der Mensch ist ein Lehrling, sein Lehrer ist der Schmerz", sang seine schmerzliche Muse.

In dem damaligen romantischen und überfeinerten Europa galt es als Beweis für eine empfindsame Seele, bei den Klängen dieser schmachtenden Leier zu schluchzen.

Kein einziger Künstler, der nicht sein Leben, ja noch mehr als das, hingegeben hätte, um die nebeligen Abende des Lido auf einem Lager aus eitel Reue und entblätterten Rosen kennenzulernen …

Semmelweis, noch unter der harten Faust des Schicksals wankend, wurde schnell unter die sentimentalen Pilger verschlagen. Man erinnert sich wohl noch seiner früheren Vorliebe für die Musik, für Lieder, ja sogar für den anmutigen Apollo aus seinem *Leben der Pflanzen,* den er ein wenig vernachlässigt hatte.

Markusovsky, sein steter Freund und Arzt in demselben Hospital wie er, begleitet ihn auf Skodas Wunsch. An einem schönen Frühlingsmorgen sehen wir sie zu der langen Reise aufbrechen.

Zu der Fahrt in die Stadt der Pfahlbauten, der Barcarolen und Seufzer! Lebwohl, Schmerz!

Die Reise nahm sechs Tage in Anspruch.

Sie mußten einen Umweg über Triest machen, denn infolge des Schnees waren die Alpen noch ungangbar ... Das ganz von Gold umflossene Udine ... In Treviso wird einen Tag Rast gehalten ... Venedig! Semmelweis vergißt seine Leiden, seine Kränkungen.

Dieser außergewöhnlich gute, dieser vollendet vornehme Charakter vermag alles zu vergessen, nur sein eigenes Herz nicht. Es schlägt in Venedig in dem gleichen maßlosen Rhythmus wie in Wien, doch im Enthusiasmus für eine andere Sache. Er stürzt sich auf die Schönheiten Venedigs und gibt sich ihnen mit dem gleichen Eifer hin, wie er sich in dem Elend von Klins Pavillon gemartert hat.

Kaum angelangt, will er auch schon alles sehen, alles hören, alles kennen. Er nimmt ein richtiges „Italienbad". Dazu kommt, daß er nichts ohne Leidenschaft zu tun vermag. Seine neunundzwanzig Jahre versengen ihn. Markusovsky, der ihn begleitet, ist von dieser tollen Jagd erschöpft.

Man kann sie überall sehen und sie sind überall entzückt: in der Gondel, zu Fuß, im Wagen, bei Tag, bei Nacht. Nichts behindert sie, weder die Sprache, von der sie kein einziges Wort verstehen, noch Venedigs große und prunkvolle Geschichte, von deren komplizierter Majestät sie nicht die geringste Ahnung haben. Übrigens beschließt er sie zu studieren und tut es auch.

Ein, zwei, zehn Bücher nacheinander werden gebrandschatzt und ihr Inhalt von der Neugierde dieses stürmischen Dilettanten schnell vertilgt. In seiner Hast alles zu verschlingen, werden auch in den Museen Notizen gemacht, aber sofort wieder verloren, denn seine Zerfahrenheit ist eins mit seiner Ungeduld. Schließlich hat er es satt, untätig in diesen für seinen Geschmack viel zu langsamen Gondeln zu sitzen. Er lernt die Fahrzeuge lenken und ist bald so weit, Markusovsky und den Gondoliere durch die schmalsten Kanäle steuern zu können.

Niemals hat Venedig, die Stadt der hundert Wunder, einen hastigeren Verliebten gekannt, als ihn. Und dennoch: gibt es unter allen, die diese Stadt der Träume liebten, einen, der ihr auf großartigere Art dankbar war, als ihn?

Nach zwei in diesem Garten aus kostbaren Steinen verlebten Monaten, nach zwei von Schönheit durchtränkten Monaten, kehrten sie nach Wien zurück. Nur wenige Stunden waren verstrichen, als Semmelweis die Todesnachricht eines Freundes ereilt. Ist die Unerbittlichkeit des Schicksals in diesem Leben zur Regel geworden?

Kolletschka, der Professor der Anatomie, war eben einer Verletzung erlegen, die er sich beim Sezieren zugezogen hatte. Kolletschka hatte für seinen Freund immer eine sehr lebhafte und sehr aufrichtige Sympathie empfunden; sein Verlust, der Semmelweis noch einsamer machte, berührte diesen außerordentlich schmerzlich. Allein nichts, was ihn traf, die Freuden ebensowenig wie die Leiden, sollte für die Entfaltung seines so bedeutenden Werkes wertlos bleiben. Er bejahte sein Leben restlos und sämtliche geistigen Kräfte, die ihm auf den Bahnen seines Schicksals begegneten, fanden den Weg zu seinem Herzen.

„Ich stand noch unter dem Eindruck der Schönheiten Venedigs und alles in mir vibrierte noch in der künstlerischen Erregung, die ich während der beiden inmitten dieser unvergleichlichen Wunder verlebten Monate empfunden hatte, als man mir den Tod des unglücklichen Kolletschka meldet. Ich war daher aufs äußerste angespannt, und als ich alle Einzelheiten der Krankheit erfuhr, die ihn getötet hatte, wurde mir plötzlich, mit einer geradezu verblüffenden Klarheit die Gleichartigkeit seiner Erkrankung mit dem Kindbettfieber, an dem die Wöchnerinnen sterben, bewußt, so daß ich von jenem Augenblick an aufhörte, anderswo zu suchen.

„Phlebitis ... Lymphangitis ... Peritonitis ... Pleuritis ... Pericarditis ... Meningitis ... das alles war mir nun klar! Das war es, was ich seit jeher in der Finsternis suchte und nichts anderes.“

Die Musik, die Schönheit ist in uns und nirgends sonst auf der unempfindlichen, uns umgebenden Welt.

Die großen Werke sind die, welche unser Genie ins Leben ruft, die großen Männer jene, die ihm Gestalt geben.

In Dingen, die ihn selbst betrafen, besaß er nicht den geringsten Ehrgeiz, ebensowenig bewegte ihn das Streben nach der reinen Wahrheit, das die Forscher der Wissenschaft aneifert. Man kann wohl sagen, daß er den Weg der Forschung niemals betreten hätte, wenn nicht ein brennendes Mitleid mit der physischen und seelischen Not seiner Kranken ihn dazu getrieben hätte. „Im Grunde war er ein Poet der Güte, die er mehr als die andern zu verwirklichen verstand.“

Bringt man diese Zeilen Doktor Brucks mit dem erstaunlichen Einfühlungsvermögen in Verbindung, von dem

Semmelweis im Verlauf seiner Entdeckungen Zeugnis ablegte, dann fragt man sich unwillkürlich, ob nicht für die meisten begabten Ärzte Trägheit und Egoismus die größten Hindernisse ihres Genies bilden. Es ist peinlich, daran zu denken, allein im Laufe der Peripetie dieses tragischen und wunderbaren Abenteuers wird es unmöglich, sich dieser Hypothese zu verschließen, besonders in jenen äußersten Augenblicken des Forschens, dicht vor der Entdeckung, wo sich die Wahrheit „beinahe" enthüllt.

Das „Beinahe" ist die gefällige Form des Mißerfolgs, eine verführerische Tröstung ...

Der gewöhnliche Weitblick genügt nicht, um darüber hinwegzukommen, der Forscher bedarf daher einer feurigeren Kraft, einer durchdringenden, vom Gefühl getragenen Klarsicht, wie es die Eifersucht ist. Die glänzendsten Eigenschaften des Geistes sind machtlos, wenn nichts Standhaftes und Bestimmtes sie stützt. Das bloße Talent kann nie den Anspruch erheben, die richtige Hypothese aufzustellen, denn es gehört zu der Natur des Talents, erfinderischer denn wahrhaftig zu sein.

Wir haben am Leben anderer Ärzte beobachten können, daß das erhabene Empordringen zu den großen exakten Wahrheiten beinahe ausnahmslos einem Enthusiasmus entsprang, der viel poetischer war, als die nüchternen, experimentellen Methoden, in denen man ihre einzige Genesis sehen will.

Die experimentelle Methode ist nichts als eine unendlich wertvolle, doch entmutigende Technik. Sie fordert vom Forscher das Höchstmaß an Inbrunst, damit er auf dem dornigen Weg, über den er mit ihr schreiten muß, nicht vor Erreichung seines Ziels zusammenbricht.

Der Mensch ist ein sentimentales Geschöpf. Es gibt keine großen Schöpfungen außerhalb der Empfindung und der Enthusiasmus ermüdet bei der Mehrzahl schnell — im gleichen Maße, wie sie sich von ihrem Traum entfernen.

Semmelweis war aus einem Traum der Hoffnung hervorgegangen, den der ständige Umgang mit so viel entsetzlichem Leiden niemals zu entmutigen vermochte, den sämtliche Gegner nur triumphieren machten. Er, der so empfindsam war, hatte dermaßen ergreifenden Schmerzensausbrüchen beigewohnt, daß sich der erstbeste Hund heulend davongemacht hätte. Doch seinem Traum allen Wirrnissen zum Trotz treu bleiben, heißt in einer Welt der Entdeckungen leben, heißt in die Nacht blicken, heißt vielleicht die Welt in seinen Traum zwingen. Von den Leiden der Menschen erfüllt, schrieb er an einem jener so seltenen Tage, wo er seiner selbst gedachte: „Mein lieber Markusovsky, mein guter Freund, meine sanfte Stütze, ich muß Ihnen gestehen, daß mein Leben eine Hölle war, daß mir der Gedanke an den Tod meiner Kranken immer unerträglich erschien, besonders wenn sie zwischen den beiden großen Freuden des Lebens, jung zu sein und ein neues Leben zu geben, dahinschwanden."

Wie kostbar ist dieses Bekenntnis für den Biographen! Es macht uns die innere Harmonie einer großen Entdeckung begreiflich, die sonst kalt, glitzernd, unerklärlich geblieben wäre.

Nach Wien zurückgekehrt, als der Schleier sich lüftet, als ihm die Gleichartigkeit der Todesursache des Anatomen Kolletschka und des Kindbettfiebers nicht mehr fraglich scheint, wirft er sich fortan gewappnet mit exakten Tatsachen auf das Unerkannte.

Wenn Kolletschka, so denkt er, den Folgen einer beim Sezieren zugezogenen Verletzung erlegen ist, dann sind es die von den Leichen herrührenden Exudate, die man als die Ursache der Ansteckung bezeichnen muß. Was die Einzelheiten dieser Ansteckung betraf, glaubte er sie ebenfalls zu kennen.

„Die Studenten sind es, die mit ihren bei einer Obduktion beschmutzten Fingern, die verhängnisvollen Leichenkeime in die Geschlechtsteile der schwangeren Frauen und besonders in die Gegend des Gebärmutterhalses übertragen."

Diese Folgerung bestätigte sich durch sämtliche vorher an der Klinik gemachten Beobachtungen.

Doch um weiterzukommen, hieß es unverzüglich eine große technische Schwierigkeit lösen, die für die Wissenschaft jener Epoche von größter Bedeutung war. Er entledigte sich dieser Aufgabe auf kluge Art, und das Glück war ihm diesmal günstig.

Jene winzigen Leichenkeime, die seiner Ansicht nach bei einem bloßen Kontakt das Kindbettfieber hervorzurufen vermochten, waren nicht wahrnehmbar, die Histologie wußte sie noch nicht hinreichend deutlich zu färben, um sie im Mikroskop sichtbar zu machen. Sie waren nur an ihrem Geruch zu erkennen. „Die Hände geruchlos machen", entschied er, „das ist das ganze Problem." Dieses Mittel war unzulänglich. Doch war es immerhin dazu geeignet, ihm klarzumachen, daß die Erklärung des Kindbettfiebers durch die Art der Übertragung nicht vollständig erschöpft sei. Um die Vorbeugungsmaßnahmen, die er plante, praktisch auszuwerten, mußte er freien Zugang zu einer der Wiener Gebäranstalten haben.

Doch der Versuch, den er wagen wollte, gemahnte zu sehr an den, der ihn die Stellung bei Klin gekostet hatte, als daß man sich trotz Skodas großen Einflusses entschlossen hätte, ihn wieder in seine frühere Stellung einzusetzen. Doch bahnte man ihm einen andern Weg.

Dem Drängen Skodas nachgebend, entschloß sich Bartsch, der Chefarzt der zweiten Gebäranstalt, Semmelweis mit dem Titel eines Hilfsassistenten anzustellen, obwohl er damals gar keinen benötigte.

Kaum hatte Semmelweis seine Tätigkeit angetreten, als auf sein Verlangen die Studenten, die Klins Hörer waren, bei Bartsch die Hebammen ablösten. Die so häufig beobachtete Tatsache wiederholte sich sofort aufs neue.

Zu jener Zeit, es war im Mai, stieg die Mortalität des Kindbettfiebers bei Bartsch auf 27 von 100, was im Vergleich zu dem vorhergehenden Monat eine Zunahme um 18 von 100 bedeutete. Der entscheidende Versuch war gemacht. Um die technische Seite seiner Idee, das Geruchlosmachen, durchzuführen, läßt Semmelweis eine Chlorkalklösung herstellen, in der sich jeder Student, der am gleichen Tage oder tags vorher an einer Obduktion teilgenommen hat, vor Vornahme jeglichen Eingriffs an einer schwangeren Frau sorgfältig die Hände waschen soll.

In dem Monat, der auf die Einführung dieser Maßnahmen folgt, sinkt die Sterblichkeit auf 12 von 100.

Dieses Ergebnis war zwar deutlich, stellte aber noch nicht den endgültigen Triumph dar, den Semmelweis ersehnte. Bis dahin hatte er felsenfest geglaubt, daß die Infektion des Kindbettfiebers von den Leichen herrühre. Diese Ursache schien ihm von nun an zwar als erwiesen, nicht aber als erschöpfend.

Er floh und fürchtete jenes „Beinahe", er wollte die ganze Wahrheit. Innerhalb dieser wenigen Wochen hätte man meinen mögen, daß der Tod ihn überlisten und ein verwegenes Spiel mit ihm treiben wolle. Aber er war es, der gewann.

Er hatte die Mikroben gefaßt, ohne sie zu sehen!

Es blieb nur noch, sie zu vernichten. Niemals wurde Größeres geleistet. Das hier sind Tatsachen: im Monat Juni betrat die Abteilung von Bartsch eine Frau, die man einem falschen Befund nach für schwanger hielt. Semmelweis untersucht sie selbst und stellt einen Gebärmutterhalskrebs fest; dann nimmt er, ohne daß er daran denkt, sich die Hände zu waschen, an fünf weiteren in den Wehen liegenden Frauen, gewisse Eingriffe vor.

In den folgenden Wochen sterben diese fünf Frauen an einem typischen Kindbettfieber.

Der letzte Schleier ist gelüftet. Das Licht ist entzündet. „Die Hände durch ihre bloße Berührung können infizierend wirken", schreibt er nieder ... Von nun an muß sich jeder, mag er in den vorangehenden Tagen seziert haben oder nicht, einer sorgfältigen Desinfektion der Hände durch eine Chlorkalklösung unterziehen.

Das Resutat läßt nicht auf sich warten, es ist großartig. In den folgenden Monaten fällt die Sterblichkeitsziffer des Kindbettfiebers beinahe auf Null; damit sinkt sie zum erstenmal auf die gegenwärtige Ziffer in den besten Gebäranstalten der Welt: 0,23 von 100!*

---

* Nach der sehr richtigen Bemerkung des Herrn Professor Brindeau kann man diese Ziffern aus Semmelweis' Zeiten keineswegs mit den unseren vergleichen, wo man als Kindbettfieber die leichtesten Erkrankungen bezeichnet, denen nicht die geringste Gefahr anhaftet.

Hätte es sich gezeigt, daß die geometrischen Lehrsätze den Menschen hinderlich sind, man hätte sie bereits längst für falsch erklärt.

Stuart Mill

Dieser Philosoph, so absolut, wie er auch scheint, bleibt dennoch beträchtlich hinter der Wahrheit zurück: hätte denn die elementarste Vernunft nicht verlangt, daß die Menschheit, von klarsichtigen Gelehrten geführt, sich aller mörderischen Infektionen, zumindest aber des Kindbettfiebers, vom Monat Juni 1848 an für immer entledigte? Zweifellos.

Entschieden aber ist die Vernunft nichts als eine geringfügige Kraft im Universum, denn es vergingen nicht weniger als vierzig Jahre, bis die größten Geister Semmelweis' Entdeckung endlich anerkannten und anwandten.

Die Gynäkologen und Chirurgen wiesen mit einem schier einmütigen Eifer und haßerfüllt den ungeheuren Fortschritt zurück, der ihnen offenbart wurde. Sie hielten mit eigenartiger Empfindlichkeit darauf, im Sumpf dieser eitrigen Dummheit zu verharren, mitten im Spiel des tödlichen Zufalls.

Und nicht Semmelweis ist es, durch den diese so große, unermeßliche Wohltat (wenigstens dann wertvoll, wenn man die Sorge in Betracht zieht, die die Menschen daran wenden, sich des Lebens zu freuen und nicht zu leiden) zum Siege geführt wird.

Man kann ruhig behaupten, daß, wäre Pasteur nicht gekommen, um den Kult der „ausreichenden Theorien" in der Medizin zu zerstören, wenn er sie nicht durch Fakten, die viel zu exakt waren, um durch bloße Lügen widerlegt zu werden, bekämpft hätte, kein wirklicher Fortschritt jemals eingetreten wäre, weder in der Chirurgie, noch in der

Gynäkologie, trotz der Anstrengungen einiger großer, einsamer Talente, wie Michaelis und Tarnier.

Es gibt nur Kriege in den Herzen der Menschen.

Im Allgemeinen Krankenhaus zu Wien, dort, wo alle Beweise so leicht zu erbringen waren, war Semmelweis' Entdeckung kein Glück beschieden, wie man wohl meinen könnte. Im Gegenteil.

So eigenartig dies auch klingen mag, es gelang Klin schon in der ersten Zeit an der Fakultät eine große Anzahl von energischen Gegnern der neuen Methode zu vereinen: deutlich gesprochen, den größten Teil seiner Kollegen. Nur fünf von den Ärzten setzten sich für Semmelweis ein, und zwar: Rokitansky, Hebra, Heller, Helm und Skoda. Die Folge davon war, daß man sie haßte. Doch die größten dieser mutigen Gruppe zugefügten Enttäuschungen bedeuteten die Antworten gewisser ausländischer Professoren, die zu informieren ihnen am Herzen lag. „Wir zweifelten nicht", schreibt Heller, „daß uns, abgesehen von den Eifersüchteleien und Gehässigkeiten der eigenen Landsleute, der volle Beifall jener sicher war, die Semmelweis' Experimente für vollkommen erwiesen halten mußten."

Aber! Was soll man von einem Tilanus in Amsterdam halten, der sich nicht einmal der Mühe unterzieht, Semmelweis' Brief zu beantworten, übrigens ebensowenig wie Schmitt in Berlin?

Noch trauriger! Simpson in Edinburgh, der während seiner Tätigkeit immerhin Proben seines Talents ablegte, begreift nichts von der gynäkologischen Revolution, die ihm durch Hebra angekündigt wird. Er erledigt sie mit ein paar höflichen, nichtssagenden Worten. Da Heller ein geheucheltes Unverständnis vermutet, schickt er Routh, einen jungen befreundeten Wiener Arzt nach London. Er wird beauftragt, vor der Medizinischen Gesellschaft in London einen erschöpfenden Vortrag über die von Semmelweis in der Wiener Gebäranstalt erzielten Ergebnisse zu halten. Man hört ihn tatsächlich an, ja man applaudiert sogar, doch keiner in diesem aus Ärzten bestehenden Auditorium ist überzeugt. Kein Fortschritt lohnt die Mühe. Der Widerstand siegt in England so wie überall. Die meisten, von denen wir bislang gesprochen haben, begnügten sich damit, der ihnen gezeigten Wahrheit zu mißtrauen; aber es gab auch andere, die noch verbohrter, ja die kampflustig waren.

Auf Grund von fünfeinhalb Monaten Erfahrungen an den betreffenden Kliniken erklärten zuerst Scanzoni und dann Seyfert aus Prag öffentlich, daß die von Semmelweis erzielten Resultate in keiner Weise ihren eigenen Beobachtungen entsprechen. Diese verwünschte Erklärung kommt den Anhängern Klins selbstverständlich sehr gelegen, denn an Hand dieser Aussagen will man die von Semmelweis im Jahre 1846 veröffentlichten Statistiken für irrig, wenn nicht für gefälscht erklären. Alle Eifersüchteleien, alle menschlichen Eitelkeiten nehmen nun ihren entfesselten Lauf. Das Krankenhauspersonal und die Studenten erklären, daß sie „von den ungesunden Waschungen im Chlorkalk genug haben", die vorzunehmen man von nun an für überflüssig hält. In der Zwischenzeit trifft Kivich von Rottenau, der berühmteste Geburtshelfer Deutschlands, in Wien ein, um sich, wie er sagt, von den ausgezeichneten Ergebnissen selbst zu überzeugen. Er findet sich zweimal an Ort und Stelle ein.

Auch er sieht nichts. Ja er geht sogar soweit, dies schriftlich niederzulegen, sich dessen zu rühmen …

„Sollte man einst später die Geschichte der menschlichen Irrtümer schreiben", erklärt Hebra später, „dann wird sich schwerlich ein zweites so zutreffendes Beispiel finden und man wird erstaunen, daß diese maßgebenden, in ihrem Fach so bewährten Männer so blind, so stumpf bleiben konnten." Doch diese großen Offiziellen blieben zum Unglück nicht nur blind. Sie wurden gleichzeitig zu Radaumachern und Lügnern, und was das Schlimmste ist, zu Bestien und Bösartigen. Bösartig für Semmelweis, dessen Gesundheit unter diesen unerhörten Prüfungen zusammenbrach. Von nun an konnte er sich nicht mehr im Hospital zeigen, ohne „ebenso von den Kranken, wie von den Studenten und Pflegern" mit Beleidigungen überhäuft zu werden. Niemals hat das menschliche Gewissen eine so unumstößliche Schande auf sich geladen, niemals ist es tiefer gesunken, als in diesen Monaten des Jahres 1849 im Haß gegen Semmelweis.

Es ist klar, daß diese Zustände in einer Universitätsstadt nicht andauern konnten; in jenen Tagen erreichte der durch seine Entstehungsgründe so außergewöhnliche Skandal einen derartigen Umfang, daß der Minister sich gezwungen sah, Semmelweis am 20. März 1849 zum zweiten Mal zu entlassen.

Tags darauf erstattet Skoda, der seine Sache nun vor einem andern Tribunal verfechten will, der Akademie der Wissenschaften Bericht über die Theorien Semmelweis' bestätigende und schlüssige Resultate, „die er an einer gewissen Zahl von Tieren mittels experimenteller Kindbettfieberinfektion" gewonnen hat.

Und dann erklärt Hebra am gleichen Abend vor der Wiener Medizinischen Gesellschaft, daß die Entdeckung von Semmelweis für die Zukunft der Chirurgie und der Gynäkologie von derartiger Bedeutung sei, daß unverzüglich eine Kommission einzusetzen wäre, welche die von ihm erzielten Ergebnisse unparteiisch prüfen möge.

Diesmal kennen die Leidenschaften keine Grenzen: man verhöhnt einander öffentlich, ja man geht sogar soweit, sich in dieser ernsten Gesellschaft zu prügeln.

Der Minister untersagt der Kommission zusammenzutreten, indes er Semmelweis gleichzeitig die Weisung erteilt, Wien schleunigst zu verlassen.

All dies wurde gesagt und niedergeschrieben.

Verbannt, Österreich fliehend, findet er seine Vaterstadt mitten im Trubel des Wahlfiebers. In jedem Viertel organisieren sich politische Gruppen, streiten, kämpfen; die Feuersalven aus dem Faubourg Saint-Antoine fanden an der Donau ihr Echo. Gewalttat folgt den Drohungen.

Die Revolution marschiert auf Budapest.

Metternich ist gealtert, eine Nation kann sich erneuern, nicht aber ein Mensch.

Das junge Ungarn überrascht ihn. Die Herrschaft, der er es zwanzig Jahre lang unterworfen war, ist verfault. Eine furchtbare Macht von gestern, die heute nicht mehr bedeutet als ein altes, von einer Armee notleidender Funktionäre durchlöchertes Tuch. Der Absolutismus, ein abgebrauchtes Mittel, gleichzeitig zu schwer und zu leicht, ist lächerlich. Ein alberner Deckel auf einem siedenden Topf.

Am 2. Dezember 1848 fliegt alles in die Luft.

Semmelweis sucht sich nicht zu isolieren. Wie alle ist auch er wie besessen von dem Ereignis. Seine Freunde reißen ihn mit, die Patrioten fordern seine Begeisterung und gerade das ist es, womit er am reichsten begabt ist und was er am freigiebigsten verschenkt. Er folgt ihnen; bald ist er ihr Führer. Vom Kindbettfieber, von Skoda, von Klin sprechen zu hören, hat niemand Zeit, er übrigens auch nicht. Aller Geist gilt der Straße, den Versammlungen, dem Haß gegen Österreich. Barrikaden erheben sich in Buda. Man tötet einander, aber viel weniger als in Frankreich; die Anarchie ist hier sehr einfach. Man zieht es vor, schnell erreichte politische Siege zu besingen.

Die, welche sehr viel kosten, sind traurig und machen niemandem Vergnügen. Und nur wenn man sich vergnügt, ist die Freiheit amüsant. Man amüsiert sich.

„Fort mit der Leibeigenschaft!", „Pressefreiheit", „Versammlungsfreiheit", das wird gefordert. Wien gibt alles zu, was man verlangt, ja noch mehr ...

Wien hat Angst. Budapest ist erfüllt von Freude, einer aufrichtigen, jubelnden Freude. Es wird allerorten getanzt. Sämtliche politischen antiösterreichischen, liberalen Versammlungen enden mit einer Hüpferei. Semmelweis beteiligt sich daran. Auf diesen Bällen zeigt er sich temperamentvoll, strahlend an Körper und Geist: „Ein flotter Tänzer", sagt später Doktor Bruck von ihm.

Überdies verabscheut er die Österreicher dermaßen, daß es ihm ein Genuß ist, sie verfluchen zu hören.

Diese gehobene Stimmung sichert ihm gewisse mondäne Erfolge, die ihn der Medizin so weit entrücken, daß ihn seine Entdeckung nicht mehr zu beschäftigen scheint, er kaum mehr arbeitet. Im Zeitraum weniger Monate vergeudet er die kleine Erbschaft, die ihm seine Eltern hinterlassen haben; das war nicht schwer: zweitausend Kronen.

In dieser zum Großteil aus Politikern und Künstlern bestehenden Gesellschaft, in der er verkehrt, kennt man seinen wirklichen Wert nicht. Man hält ihn eher für einen romantischen und gebildeten Arzt von einer etwas gefährlichen, doch amüsanten Originalität.

Die Gesellschaft, der Tanz bahnen ihm den Weg zum weiblichen Geschlecht. Dort verliert er die knappe Zeit, die ihm bleibt.

Schließlich führt ihn auch der Sport in Versuchung; mit dreißig Jahren nimmt er die erste Reitstunde und bald kann man ihn jeden Morgen zu Pferd in der besten Gesellschaft der Stadt erblicken. Aber auch das ist noch nicht alles: mitten im Winter lernt er schwimmen; zur Zeit seines Bades sammeln sich Menschen um ihn. Seit Venedig hat er sich niemals so unterhalten.

Gewiß gestattete ihm seine gute Gesundheit all diese Tollheiten; nicht so war es um seine Mittel bestellt. Er mußte bald daran denken, seinen Lebensunterhalt zu verdienen. Immerhin waren ihm die Beziehungen, die er während seiner kurzen politischen Betätigung anzuknüpfen verstand, bei der Gründung seiner Praxis von außerordentlichem Nutzen.

Er hatte großen Erfolg und bereits ein gewisses Renommee erworben, als ihm ein geringfügiger lächerlicher Vorfall einen bösen Streich spielte.

Auf Empfehlung eines seiner Freunde beruft man ihn eines Tages ans Krankenlager der Gräfin Gradinish, einem der besten Namen Ungarns.

Der Fall war nicht einfach, die Patientin eine erlauchte Dame, also gefährliche Bedingungen für den Ruf eines Arztes.

Etliche seiner vor ihm konsultierten Kollegen hatten widersprechende Diagnosen gestellt.

Es läßt sich denken, daß die Familie stark beunruhigt war. Semmelweis' Diagnose nach der ersten Untersuchung der Kranken ist die traurigste von allen. Seiner Ansicht nach handelt es sich um einen Krebs des Gebärmutterhalses, er versichert dies mit viel Nachdruck und aller Förmlichkeit.

Die Familie, die sich, um ihn zu hören, versammelt hat, zieht sich niedergeschmettert zurück. Der Graf, der Semmelweis bis zur Schwelle geleitet, befragt ihn noch ein letztes Mal um seine Meinung und dieser läßt ihm keine Hoffnung.

Man war aufs Schlimmste gefaßt, als das Haustor zu später Nachtstunde von heftigen Schlägen erschüttert wurde. Man öffnet, ein Mann stürzt in den Eingang, stößt den Diener zurück, läuft die Treppe hinan, erstürmt das Zimmer, in dem der Graf und die Gräfin ruhen. Es ist Semmelweis. Ohne jede Erklärung schiebt er die Hand unter die Bettdecke und wiederholt die Untersuchung, die er bereits am Morgen vorgenommen und inzwischen für unzureichend befunden hat. Einen Augenblick später erhebt er sich triumphierend: „Ich gratuliere Ihnen, Frau Gräfin", schreit er, „ich habe mich geirrt, es handelt sich nicht um Krebs, sondern um eine einfache Gebärmutterentzündung."

Dieser tolle Streich spricht sich alsbald in der Gesellschaft herum und nimmt ihm die meisten seiner besten Patienten.

Es ist allerdings anzunehmen, daß er sie ohnehin verloren hätte, da es in den folgenden Monaten zur Kriegserklärung kommt. Unmittelbar danach wird Budapest erobert, von einer Armee von Kroaten geplündert. Der Hunger richtet sich ein. Den Ungarn fällt es nicht schwer, die ausgehungerten Kroaten zurückzuschlagen, und bald verbinden die sich mit den Russen, um das Land zu vernichten. Ungarn bezahlt endgültig die Kosten für das Chaos, das kurz nach Metternichs Rücktritt ausbricht, um mit der Schlacht bei Vilagos zu enden. Nach dieser großen Niederlage erstarrt die Anarchie zu einer neuen Ordnung in Gestalt einer habgierigen und kleinlichen Militärdiktatur. Unter ihr, durch sie wird Ungarn planmäßig ausgeraubt und vollkommen ruiniert. Für den einzelnen bedeutet das ein Unglück, für den Geist die Nacht, die sich von 1848 bis 1867 herabsenkt.

Eine nahezu absolute Macht, denn die Mehrzahl der Intellektuellen, besonders die Mediziner, sind geächtet.

Balassa, der Rektor der Universität zu Budapest, wird eingekerkert und nahezu sämtliche Professoren leben im Exil. Sogar die wissenschaftlichen Zeitschriften sind untersagt. Doktor Bujatz, Chefredakteur der „Medizinischen Blätter", muß in die Schweiz flüchten. Eine einzige medizinische Gesellschaft war in Ungarn gestattet, sie tagte einmal im Monat in Pest unter der persönlichen Aufsicht eines Polizeikommissars.

Niemals war die Tyrannei so hart, so verhaßt. Man beginnt um Metternich zu trauern.

„Wir können einander nicht mehr treffen, niemand ist über die gemeinsame Arbeit unterrichtet, es gibt keinen Wettbewerb mehr, wir leben im Dunkel."

So lautet die Klage des Professors Kotanyi während dieser fürchterlichen Jahre. In diesem moralischen und physischen Elend mußte man weiterleben und leben wird gerade für die Ärzte jener Epoche in jeder Minute zu einem schwierigen Problem. Deutlich gesprochen, sie wurden beinahe nicht mehr bezahlt. Womit auch? Außergewöhnliche Steuern lösten die normalen Steuern ab, von den Geldstrafen nicht erst zu sprechen. Muß der magere Rest nicht dazu herhalten, den Magen wenn auch nur einmal des Tages zu füllen? Und dann – – –

Ungarns Freude war von ebenso kurzer Dauer wie die schönen Tage von Semmelweis, wie das von ihm empfundene Glück, ein lebendiges Leben zu leben, ein Leben voll von Egoismus, das bei ihm genau so kräftig geworden war, wie bei den andern, das aber ein tragisches und höheres Geschick ihm immer wieder zu entreißen schien.

Im Jahre 1849 deckt die Ausübung der ärztlichen Praxis kaum seinen Lebensunterhalt. Er bewohnt ein Zimmer in der „Landergasse", einem schmalen Gäßchen. Um sich über Wasser zu halten, muß er den größten Teil seines Mobiliars veräußern. Die Dinge können kaum schlechter werden, als er zum Überfluß das Opfer zweier Unfälle wird, die ihn schwer zu Boden werfen. In einem Abstand von wenigen Tagen bricht er sich auf einer von jenen schwer gangbaren Wendeltreppen, wie sie in seinem Bezirk die Regel sind, zuerst den Arm und dann das linke Bein. Diese beiden Brüche fesseln ihn unbeweglich ans Bett, was ihn außerstande setzt, sich vor Hunger und Kälte zu schützen. Ohne die Hingabe einiger Freunde, die sich aufopfern, um für seinen Lebensunterhalt zu sorgen, wäre er wahrscheinlich wie viele Intellektuelle zur Zeit des Winters 1849 an Hunger gestorben.

Unter dem Ansturm der Schmerzen, in seiner Isolierung und Verzweiflung, bleibt das Feuer, das er trägt, unter der Asche verborgen und erlischt beinahe.

Seine Vergangenheit ist verstummt.

Eine für sein erschöpftes Herz an Begeisterung zu reiche Vergangenheit. Seine Kräfte halten dieser glühenden Leidenschaft nicht mehr stand. Ihn hungert.

Solange dieses Elend anhielt, blieb sein Leben erschlafft, sein Traum ohne Kraft und für ihn, der träumen mußte, um leben zu können, bedeutete dies fast das Nichts. Es interessiert ihn nichts mehr, er schreibt nichts mehr. Seine Lehrer in Wien sind über sein Schicksal beunruhigt. Darf man daran denken, ihn zurückzuberufen? Klins und der andern Haß schließt ihn mehr denn je von den österreichischen Fakultäten aus. Eines Tages werden in Wien die erschreckendsten Gerüchte über ihn laut. Nach zahllosen Schritten und dank der Fürsprache einer einflußreichen Persönlichkeit wird Markusovsky die Fahrt nach Budapest, der verbotenen Stadt, gestattet. Kaum trifft er ein, als er nach Semmelweis forscht. Seit sieben Jahren hat er ihn nicht wiedergesehen.

Anfangs findet er ihn nicht und erst am späten Abend gelingt es ihm, ihn aufzustöbern.

„Endlich! Ich habe unseren besten Freund am Leben gefunden", schreibt Markusovsky in einem Brief an Skoda. „Doch ist er dermaßen gealtert, daß ich ihn schwerlich wiedererkannt hätte, wenn mich seine Stimme im Dunkel seines Zimmers nicht besser geführt hätte als meine Augen. Eine tiefe Melancholie zeichnet, wie ich fürchte, für immer, seine Züge. Von Ihnen und von Professor Rokitansky sprach er in sehr liebevollen Worten und fragte nach hundert Einzelheiten Ihres Lebens und Ihrer Gesundheit. Von seiner, ach, so unverkennbaren materiellen Not, sagte er mir kein Wort!

„Mit Ihrer Empfehlung in der Tasche, begab ich mich zu Professor Birley, Vorstand der Gebäranstalt St. Rochus; er gab mir das feste Versprechen, bei der ersten freiwerdenden Assistentenstelle in seiner Klinik an Semmelweis zu denken. Das wäre nur gerecht! Von seinen Wiener Arbeiten schweigt er beharrlich.

„Nahezu sieben Jahre der Stille ..."

„Alles andere werde ich Ihnen mündlich sagen."

Und Markusovsky reist wenige Tage später zurück.

In den nun folgenden Monaten unternahm Semmelweis keinerlei Schritte, er suchte nicht einmal Birley auf, der ihn in einem liebenswürdigen Brief dazu aufforderte.

Seine Tage dahinschleppend, jede Anstrengung fliehend, erwartete er nichts mehr, als daß ein unvermutetes Ereignis ihn wieder in seine Bestimmung einsetzte.

„Sind Sie nicht der ehemalige Assistent von Professor Klin, Doktor Semmelweis?" fragte ihn ein unbekannter morgendlicher Besucher.

„Ich habe Ihnen eine Botschaft zu übermitteln. Eine schmerzliche Botschaft, doch zum Nutzen der Sache, für die Sie gekämpft haben.

„Es handelt sich um folgendes: Professor Michaelis in Kiel hat unter seltsamen Umständen Selbstmord verübt;

ich war sein Schüler und kannte seine Ansichten genau, besonders die, welche ihn zum Selbstmord trieben. Nachdem er vor kurzem einer seiner Kusinen bei der Geburt beigestanden hatte, erlag diese wenige Tage später dem Kindbettfieber.

„Der Schmerz Michaelis' war so groß, seine Verzweiflung so furchtbar, daß er seine Rolle bei diesem Unglück einer unverzüglichen und gründlichen Prüfung unterzog. Er zögerte nicht, sich selbst der ganzen Schuld zu bezichtigen, denn gerade in den vorhergehenden Tagen hatte er eine Anzahl an Kindbettfieber Erkrankte behandelt, ohne eine einzige der von Ihnen verordneten Vorsichtsmaßnahmen anzuwenden, die ihm seit langer Zeit bekannt waren.

„Dieser qualvolle Gedanke wurde ihm eines Tages so fürchterlich, so unerträglich, daß er sich unter einen Zug warf ..."

In diesem Moment erwachte Semmelweis aus seiner Erstarrung, wie erweckt vom Aufblitzen des Lichtstrahls, der seine Finsternis durchdrang.

Unverzüglich stattete er Birley einen Besuch ab, um ihn zu bitten, ihn seine gynäkologische Tätigkeit wieder aufnehmen zu lassen.

Birley war ein braver Mann und Semmelweis gewogen, doch wünschte er nicht, die Geschehnisse in der Gebäranstalt zu Wien bei sich wiederholt zu sehen. Er empfing ihn freundlich, doch förmlich.

„Sie sind mir von Professor Skoda empfohlen", sagte er ihm. „Sein Wort genügt, um Ihnen mein ganzes Wohlwollen zu sichern. Dennoch kann ich Ihnen, mit Rücksicht auf die gegenwärtigen Zustände in unserer Gebäranstalt, nichts anderes anbieten, als eine Stellung während der Ferien, im Monat Juli und August. Schließlich muß ich Sie bitten, mit meinen Schülern nicht von den Waschungen mit Chlorkalk zu sprechen, da uns dies große Unannehmlichkeiten bereiten könnte …

„Ich selbst habe übrigens lange über das entsetzliche Sterben, das Sie einst bei Klin beobachtet haben, nachgedacht und glaube Ihnen seine Ursache nennen zu können. Klin hat den Wöchnerinnen nicht regelmäßig Abführmittel verabreicht, bei uns …"

Ausnahmsweise einmal nachgiebig, brachte Semmelweis es über sich, zu schweigen; er trat also die kleine, zeitweilige Stellung an und begann mit der Abfassung seines bedeutendsten Buches: *Die Ätiologie, der Begriff und die Prophylaxis des Kindbettfiebers.*

Diese Verarbeitung der an der Wiener Gebäranstalt gemachten Beobachtungen nahm mehr als vier Jahre in Anspruch. Er schrieb langsam, mühselig, im Geheimen, um seine bescheidene Anstellung nicht einzubüßen, um den ängstlichen Birley nicht zu beunruhigen, von dem er sich beobachtet wußte. Da mittlerweile kein Widerhall seiner Entdeckung zu ihm drang, wandte er sich ein zweites Mal, nach einer Pause von sechs Jahren, an Seyfert, an den großen Virchow und viele andere, von denen ihm kein einziger Antwort gab.

„Von allen Geburtshelfern die ich kenne", schrieb er damals, „ist dieser arme Michaelis unbedingt der erste und der einzige, von dem ich sagen kann, daß er zu viel Berufsgewissen hatte." Das stimmte und es wurde geradezu grotesk, als er einen Abriß seiner Arbeiten in einer Denkschrift an die „Académie de Médecine de Paris" sandte, die ihn, nach einer Überprüfung durch eine Kommission unter dem Vorsitz von Orfila, nicht einmal einer Antwort würdigte. Man weiß nicht, warum die Debatte nicht öffentlich war.

Zu jener Zeit trat in den materiellen und kulturellen Verhältnissen seines Landes eine gewisse Besserung ein. Das ging so weit, daß er im Jahre 1855 zum ersten Mal eine kleine Summe verdiente, die seine Bedürfnisse deckte: 400 Gulden.

Die Zeit strich dahin.

1856 stirbt Birley.

Semmelweis wird sein Nachfolger als Vorstand der Gebäranstalt zum St. Rochus.

Von nun an scheint er in bezug auf seine gynäkologische Initiative freie Hand zu haben.

Offenbar war man der Ansicht, daß er in seiner Angst seinen „Irrtum" nie wieder zur Sprache bringen werde.

Man mußte daher nicht wenig überrascht sein, ihn noch angriffslustiger zu finden als in Wien. Seine sämtlichen Schritte aber waren ungeschickt, besonders die ersten. Zum Beispiel der „Offene Brief an alle Professoren der Geburtshilfe", mit dem er sein zehn Jahre langes Schweigen zu brechen unternimmt.

„Ich wünschte, meine Entdeckung wäre physikalischer Natur, denn man mag das Licht deuten, wie man will, nichts hindert es, zu strahlen, es hängt in keiner Weise von den Physikern ab. Meine Entdeckung, ach! ist von den Geburtshelfern abhängig. Damit ist alles gesagt ...

„Mörder! So nenne ich alle, die gegen die Maßnahmen arbeiten, die ich zur Bekämpfung des Kindbettfiebers vorgeschlagen habe.

„Gegen sie wende ich mich als entschlossener Gegner, wie man sich gegen die Teilnehmer eines Verbrechens wenden muß! Mit bleibt nichts anderes übrig, als sie wie Mörder zu behandeln. Und alle, die das Herz am rechten Fleck haben, müssen so denken wie ich! Nicht die Gebäranstalten muß man schließen, um dem Unglück, das man dort beklagt, Einhalt zu tun, die Geburtshelfer muß man hinausjagen, denn sie sind die eigentlichen Träger der Epidemien."

Gewiß, waren diese Äußerungen auch nur allzu zutreffend, so war es doch kindisch, ihnen diese unduldsame

Form zu geben. Der Haß, den dieses Pamphlet aufwirbelte, war nichts als der verstärkte Widerhall der wilden Feindseligkeiten, die er zehn Jahre vorher in Wien erdulden mußte. In dieser unterdrückten, deprimierten Stadt, wo eine kleinliche Gesinnung auf medizinischem Gebiet am wenigsten hätte zu Wort kommen dürfen, war gerade das Gegenteil der Fall. Selbst in dem Hospital, dessen Chefarzt Semmelweis nun war, gab es so viele Niederträchtigkeiten, so viel professionelle Schuftereien, daß seine Vorschriften zur Verhütung des Kindbettfiebers systematisch umgangen wurden. Ja es scheint sogar, daß man die Wöchnerinnen infizierte, der furchtbaren Genugtuung halber, ihn ins Unrecht zu setzen. Das ist keine bloße Vermutung, denn es ist einwandfrei erwiesen, daß unter der Leitung des alten Birley nicht mehr als 2 von 100 Wöchnerinnen an Kindbettfieber starben, während die Statistiken unter Semmelweis im Jahre 1857 auf 4 von 100, im Jahre 1858 auf 7 von 100, und im Jahre 1859 schließlich auf 12 von 100 ansteigen.

Es herrschten dort Zustände, von denen man sich keinen Begriff machen kann. Als Beispiel sei folgender Brief eines Stadtrats an Professor Semmelweis angeführt, in dem „die Stadt sich entschieden weigert, die von ihm auf Rechnung seines Hospitals bestellten hundert Paar Bettlaken zu bezahlen." — „Ein unnützer Aufwand", fügt der Stadtrat hinzu, „da mehrere Entbindungen nacheinander sehr gut auf ein und demselben Laken vorgenommen werden können."

So wie einst in Wien, stößt er auch hier mit all seinen Anordnungen auf einen grenzenlosen Haß. Nachdem sämtliche Sympathien, mit denen er gerechnet hat, dahinschwinden, bleibt ihm nur ein einziger Freund! Dieser Freund besitzt leider keine offizielle Stütze, doch ist er jung, aktiv und vornehm: es ist Doktor Arneth.

Semmelweis' Idee begeistert ihn, er will bis nach Paris gehen, um sie zu verteidigen und ihr zum Siege zu verhelfen.

Von dort aus, so dünkt ihn, machen alle als wertvoll erkannten Ideen ihren Weg rasch über die ganze Welt.

In seiner Illusion sieht er in Frankreich nicht nur die Republik des Gesetzes, sondern auch des Geistes.

Hatten das nicht schon zwei Revolutionen erwiesen?

Gemeinsam träumen sie von öffentlichen Versuchen, denen die großen Meister der französischen Wissenschaft die endgültigen Weihen geben.

Mühselig treibt man schließlich das notwendige Geld für diese waghalsige Reise auf. Noch größere Schwierigkeiten verursacht die Beschaffung des Reisepasses. Das Manuskript der *Ätiologie* mit sich führend, kann sich Arneth am 13. März 1858 endlich auf die Reise begeben.*

Könnte man die geheimnisvolle Geschichte der wirklichen menschlichen Ereignisse schreiben, welch aufregenden, welch spannenden Augenblick stellte diese Reise dar!

Doch es ist ebenfalls richtig, daß die Lebensdauer, daß der Schmerz des Menschen neben den Leidenschaften, neben den absurden Tollheiten wenig zählen.

Kein Zeichen offenbart jenen, die ihn auf dem Weg nach Paris sehen, daß dieser arme, einsame Reisende, Sohn einer kleinen Nation, in seinem Koffer eine Schriftrolle mit sich führt, kostbarer als sämtliche geheimen Bücher Indiens, daß er der Vermittler einer bewundernswürdigen Erkenntnis ist, deren bloße Lektüre jedes Jahr Millionen menschlicher Wesen retten, ihnen unendliche Qualen ersparen könnte.

Für die Passagiere der Postkutsche ist er ein armer Reisender, sonst nichts; spräche er von dem, was er weiß, alle langweilten sich nur; wollte er hartnäckig bleiben, man

---

* Nach manchen Autoren am 18. März.

erschlüge ihn vielleicht. Die Güte ist nichts als ein kleiner mystischer Strom zwischen andern Strömen, dessen Offenbarung nur ungern geduldet wird.

Man betrachte hingegen den entfesselten Krieg, nichts ist für ihn zu üppig, zu lärmend, zu anspruchsvoll.

Der Ruhm des Generals wird auf der Stelle erfaßt, er ist glänzend, er ist berauschend, er ist teuer.

Ein großer Wohltäter wirkt immer, man mag dagegen sagen, was man will, ein wenig banal und sein Glanz ein wenig abgenutzt, wie der des Wassers und der Sonne. Die kollektive Intelligenz bedeutet eine übermenschliche Anstrengung.

In Paris, wo Arneth mehrere Wochen lang verweilte, widmete die Akademie zwischen dem 3. Feber und dem 6. Juli 1858 eine Anzahl von Sitzungen dem Studium der Fragen des Kindbettfiebers.

Arneth verfehlte nicht, an ihnen teilzunehmen. Er sah seine Hoffnungen enttäuscht, als ihm klar wurde, in welchem Maße man die Wahrheit in diesem Milieu ignorieren wollte; noch schwerer aber traf es ihn, als er den berühmtesten Gynäkologen seiner Zeit, Dubois, die Ansichten der gelehrten Versammlung in einer bedauerlichen Rede zusammenfassen hörte: „Die Semmelweis'sche Theorie, die, wie man sich vielleicht erinnern wird, in der Welt der Gynäkologen, in Österreich ebenso wie in anderen Ländern, so heftige Polemiken heraufbeschwor, scheint heute vollkommen vergessen, sogar an der Schule, wo sie einst angewandt wurde.

„Vielleicht lagen ihr einige gute Prinzipien zugrunde, doch verursachte die korrekte Durchführung derartige Schwierigkeiten, daß man zum Beispiel das Personal der Spitäler in Paris lange Zeit hindurch in Quarantäne hätte halten müssen, und das alles einem vollkommen problematischen Resultat zuliebe."

Was soll man gegen einen solchen Gegner ausrichten? Arneth konnte nicht daran denken, ihm entgegenzutreten. Wohl suchte er zu erreichen, daß man in den Pariser Krankenhäusern nach Muster der von Semmelweis in Wien vorgenommenen Experimente gewisse Versuche anstellt; nach kurzer Zeit aber mußte er darauf verzichten, da er bei den einen auf Feindschaft, bei den andern auf Furcht, bei allen aber auf blinde Unterwerfung unter das Verdikt Dubois', des unumstrittenen und allmächtigen Meisters der Gynäkologie Frankreichs, stieß.

Nach Budapest zurückgekehrt, vermochte der entmutigte Arneth Semmelweis weder von dem, was er gesehen, noch von dem, was er gehört, am wenigsten aber von der Vergeblichkeit aller weiteren Bemühungen zu überzeugen. Arneth war vernünftig, Semmelweis war es nicht mehr.

Abwägen, vorsichtig sein oder gar abwarten, das schien seinem in Auflösung befindlichen Geist eine unmögliche Tyrannei.

Vermutlich hatte er schon die braven Grenzen unseres gesunden Menschenverstandes überschritten, jene große Tradition unserer Geister, deren aufmerksame Kinder wir sind, wir, die wir durch Gewohnheit sanft an die der Vernunft geschmiedet sind. Mag man nun wollen oder nicht, es bleibt der Genialste unter uns so wie der Unwissendste vom ersten bis zum letzten Tag unseres gemeinsamen Lebens an sie gebunden. Ein einziges Glied hatte sich gelöst, Semmelweis wurde von dieser schweren Kette losgerissen … und war in die Bindungslosigkeit gesunken. Er hatte seine Klarsicht verloren, jene Macht der Mächte, jene Zusammenfassung unserer ganzen Zukunft in einem kleinen festen Punkt des Universums. Wie soll man sonst in dem vorüberschwirrenden Leben die uns entsprechende Daseinsform wählen? Wie sich nicht verlieren? Wenn der Mensch sich unter den

Tieren hervorhebt, ist das nicht, weil er im Kosmos eine größere Zahl von Aspekten zu entdecken vermochte?

Er ist der erfinderischste Liebhaber der Natur und sein unsicheres, flüchtiges, vom Leben dem Tode zugeneigtes Glück ist eine niemals sättigende Belohnung.

Wie gefährlich ist diese Empfindung! Zu welcher Mühsal ist er doch in jedem Augenblick verdammt, wenn er das Gleichgewicht dieses gebrechlichen Wunders aufrecht halten soll!

Nur im tiefsten Schlaf findet sein Geist Ruhe. Die absolute Faulheit ist animalisch, unsere menschliche Natur verbietet sie. Galeerensträflinge des Denkens, das sind wir alle. Einfach die Augen öffnen, heißt das nicht die Welt auf dem Kopf balancieren? Trinken, sprechen, sich vergnügen, vielleicht auch träumen, heißt das nicht unter allen Erscheinungen dieser Erde ständig die menschlichen, herkömmlichen wählen und die andern beiseiteschieben, bis uns die Müdigkeit am Ende jeden Tages überfällt!

Schande über den, der die unserer Art zugemessene Lebensweise nicht wählt! Er ist ein Dummkopf, ein Narr.

Was die Phantasie, die Originalität anlangt, deren unser Stolz sich zu rühmen weiß, sind ihre Grenzen, leider ebenfalls umrissen, von Gesetzen beschwert. Keine andere Phantasie ist gestattet, als die, welche sich auf den imaginären Granit des gesunden Menschenverstandes stützt. Zu weit von dieser Konvention gibt es keine Vernunft und keinen Geist mehr, der dich verstehen kann. Semmelweis vergeudete unnütz Kraft, indem er seine Vorlesungen in lange, verletzende Enthüllungen über sämtliche Professoren der Gynäkologie verwandelte.

Er machte sich vollends unbeliebt und seine Lehren noch unwirksamer, als er die Mauern der Stadt mit Manifesten beklebte, aus denen wir eine Stelle hier zitieren wollen: „Familienvater, weißt du, was es heißt, wenn du ans

Lager deiner in den Wehen liegenden Frau einen Arzt oder eine Hebamme rufst? Das bedeutet, daß du sie freiwillig den Gefahren des Todes preisgibst, die so leicht abwendbar sind durch die Methode ...

Vermutlich hätte man ihn von diesem Zeitpunkt an seiner Stellung enthoben, wäre seine fortschreitende Erschöpfung diesem Schlag nicht zuvorgekommen. Tatsächlich trafen die Worte bald nicht mehr ihr Ziel und waren meist sinnlos. Sein Körper verfiel und hatte eine neue, ruckartige Gangart angenommen; vor aller Augen schien er zögernd einem unbekannten Land zuzustreben ...

Man überraschte ihn, als er die Wände seines Zimmers aufriß, um, wie er versicherte, nach einem tiefen Geheimnis zu fahnden, das ein ihm bekannter Priester hier vermauert hatte. Im Laufe weniger Monate prägten sich in seinen Zügen tiefe Spuren von Melancholie und sein der Stütze der Dinge barer Blick schien sich in der Ferne zu verlieren.

Er wurde schnell zum Spielball all seiner einst so mächtigen, jetzt an das Absurde geketteten Eigenschaften.

Aller Logik entbehrend, war er durch und durch vom Lachen, von Rache, von Güte besessen, und jedes dieser Gefühle, die isoliert in ihm wüteten, schien eifersüchtig bedacht, die Kräfte des armen Mannes gründlicher zu erschöpfen, als die vorhergehende Raserei. Ein Geist wird ebenso grausam zerstückelt wie ein Körper, wenn der Wahnsinn das Rad seiner Folter dreht.

Glaubt nicht diesen Dichtern, die sich in Klagen über die Härten und die Untertänigkeit des Gedankens ergehen oder die irdischen Ketten verfluchen, von denen, wie sie behaupten, ihr Aufflug zum Himmel der reinen Geister gehemmt wird! Glückliche Toren! Verblendete Undankbare, die nur ein kleines Endchen jener absoluten Freiheit zu erfassen vermögen, die sie zu begehren behaupten! Wenn diese Waghalsigen doch ahnten, daß die Hölle bei den Pforten unserer plumpen Vernunft beginnt, gegen die sie wettern und gegen die sie manchmal unsinnig revoltieren, bis sie schließlich ihre Leier zerschmettern! Wenn sie wüßten! Mit welch stürmischer Dankbarkeit würden sie die sanfte Machtlosigkeit unseres Geistes besingen, jenes beglükkende Gefängnis unserer Sinne, das uns vor einer unendlichen Intelligenz bewahrt, deren geringstes Beispiel unsere feinste Einsicht bildet. Semmelweis war dem warmen Asyl der Vernunft entronnen, wohin sich seit jeher die große und zerbrechliche Macht unserer Rasse im feindlichen Universum zurückzieht. Er irrte mit den Irren im Absoluten umher, in jenen eisigen Einsamkeiten, wo unsere Leidenschaften kein Echo mehr finden, unser gemartertes menschliches Herz, auf dem Wege ins Nichts zum Bersten zuckend, nur ein kleines beschränktes und verlaufenes Tier ist.

Während er vorwärtsdrang in diesem unbarmherzigen, bodenlosen Labyrinth des Wahnsinns, erschien ihm Michaelis blutbesudelt, vorwurfsvoll; Skoda in Riesengröße, roh; Klin rasend, Anklage erhebend, fahl vom ganzen Haß einer teuflischen Welt; und Seyfert und dann Scanzoni …

Dinge, Menschen, und wieder Dinge, schwere Ströme unsäglicher Schrecken, undeutliche Gestalten, vermischt mit den Geschehnissen seines vergangenen Lebens, rissen ihn fort, drohend, gekreuzt, verschmolzen …

Das Wirkliche, Banale rings um ihn, verband sich durch den Fluch seines hemmungslosen Geistes dem Absurden. Der Tisch, die Lampe, seine drei Stühle, das Fenster, die neutralsten, vertrautesten Gegenstände umgaben sich mit einer Art Astralnebel, einem feindlichen Licht. Keine Sicherheit mehr in diesem grotesken Fluidum, wo die Konturen, die Folgen und die Ursachen verschwimmen. In dieses Zimmer, von dem Irren außer Raum und Zeit gestellt, kamen auch noch phantastische Besucher.

Mit jedem von ihnen erneuerte er die Polemik von einst; er argumentierte lange, logisch, zuweilen noch nach ihrem Abgang. Fast immer aber endeten diese Halluzinationen mit einem Wutausbruch. Es waren ihrer zu viele, dieser hohngrinsenden und lügnerischen Schemen um sein Bett, zu viele, als daß er alle deutlich hätte sehen können: Hörte er sie denn nicht, wie sie sich hinter seinem Rücken verschworen?

Und seine Raserei erstickte, wenn sie sich vor ihm verflüchtigten, oft aber entsprang er nach ihnen ins Treppenhaus, um sie bis auf die Straße zu verfolgen.

Diese Phase seiner geistigen Qual hält bis zum April 1865 an. Um diese Zeit ließen die Halluzinationen, von denen er gefoltert wird, mit einem Mal nach. Das war nichts als eine trügerische Besserung, nichts als eine knappe Frist, während der seine Bewachung sich lockerte. Man ließ ihn sogar einige Spaziergänge durch die Stadt unternehmen. Fast immer ohne Hut, durchquerte er die heißen Straßen. Jedermann kannte sein Unglück und alle wichen zurück, um ihn vorbeizulassen ... Während dieser Ruhepause beschloß die Fakultät, seine Stelle durch einen Substituten zu besetzen. Eine Delegation von Kollegen läßt ihn, übrigens mit großer Schonung, dieser Maßnahme der Universität zustimmen. Überdies war es selbstverständlich, daß er den Titel eines „zur Disposition gestellten Professors" beibehalten sollte. Er schien diesen Beschluß ruhig entgegenzunehmen, am gleichen Nachmittag aber wurde er von einem Wahnsinnsanfall erfaßt, dessen Stärke alle bisherigen übertraf.

Gegen zwei Uhr sah man ihn, gefolgt von der Meute seiner fiktiven Feinde, die Straße durchhetzen. Brüllend, zerlumpt erreichte er so den anatomischen Hörsaal der Fakultät. Auf dem Marmortisch, umgeben von den Hörern, lag ein für die Vorlesung bestimmter Leichnam. Semmelweis bemächtigt sich eines Skalpells, durchbricht den Kreis der Studenten, nähert sich, etliche Stühle niederstoßend, dem Tisch, führt einen Schnitt in die Haut der Leiche, zerschneidet, bevor man ihm dies verwehren kann, die verwesenden Gewebe, reißt die Muskeln in Fetzen und schleudert sie weit von sich. Sein Tun wird von Schreien und unzusammenhängenden Worten begleitet ...

Die Hörer haben ihn wiedererkannt, doch seine Haltung ist so furchterregend, daß niemand ihn zu unterbrechen wagt ... Er weiß nichts mehr ... Nimmt das Skalpell wieder zur Hand, wühlt mit den Fingern und der Klinge ein Loch in die Leiche, aus dem eine Flüssigkeit sickert. Mit einem kräftigeren Griff als vorher, fügt er sich einen tiefen Schnitt zu.

Seine Wunde blutet. Er schreit. Er droht. Man entwaffnet ihn. Man umringt ihn. Allein es ist zu spät ...

So wie einst Kolletschka, hat auch er sich soeben tödlich infiziert ...

Als man Skoda von diesem fürchterlichen Unglück benachrichtigt, begibt er sich unverzüglich nach Budapest. Kaum aber trifft er dort ein, als er auch schon, Semmelweis mit sich nehmend, wieder abreist. Welche Leiden auf dieser langen Fahrt in der Postkutsche! Welche Prüfung für den Greis und den armen, verwundeten Semmelweis, der phantasiert, vielleicht sogar gefährlich ist! An welche Hoffnungen klammerte er sich noch, daß er das Wagnis dieses Abenteuers auf sich nahm? Hatte Skoda vielleicht an einen chirurgischen Eingriff gedacht? ... Doch dazu kam es nicht mehr, denn unmittelbar nach seiner Ankunft in Wien am 22. Juni 1865 wurde Semmelweis ins Irrenhaus geschafft.

Sein Zimmer, das man noch heute besichtigen kann, liegt am äußersten Ende eines langen Korridors im linken Flügel des Gebäudes. Hier starb er am 16. August 1865 im sieben-undvierzigsten Jahr seines Lebens nach einer drei Wochen währenden Agonie. Sein alter Lehrer erklomm mit ihm diese letzten, schwersten Stufen seines Lebens. Skoda war jenes traurige Haus vertraut. Einst, als er auf Grund eines Disziplinarverfahrens aus dem Allgemeinen Krankenhaus entlassen wurde, arbeitete er hier als Arzt.

Das hatte sich zu Beginn seiner Laufbahn, im Jahre 1826 zugetragen, als Klin (ach, derselbe Klin!), dessen Assistent er ebenfalls war, ihn unter dem Vorwand, er „ermüde die Kranken durch sein allzu häufiges Abhorchen", hieher ver-bannen ließ.

Während jener drei Wochen beschwor er vermutlich die seltsame Übereinstimmung dieser Vorfälle. Bewahrte sein Gedächtnis vielleicht auch ein Geheimnis, zu schmerzhaft für sein Herz? So wie das Glück ist auch die Rache nie-mals vollkommen und doch stets so erdrückend, daß man staunt ...

Zwanzigmal senkte der Abend sich in diesem Zimmer herab, bevor der Tod den entführte, der ihm die härteste, unvergeßlichste Herausforderung zugeschleudert hatte! Es war kaum mehr ein Mensch, den er mit sich nahm, es war eine phantasierende, verweste Masse, deren Konturen unter einer fortschreitenden Eiterung allmählich dahin-schwanden.

Doch welchen Sieg vermag der Tod an diesem elendesten aller Orte der Welt zu erringen? Kämpft jemand gegen ihn für diese menschlichen Larven, diese argwöhnischen Sche-men, diese scheelen Lächeln, die auf den Wegen vom Irren-haus ins Nichts herumtappen?

</>
Ein Gefängnis der Instinkte, eine Zufluchtsstätte der Irren, reiße wer will diese heulenden, stöhnenden, rasenden Verwirrten mit sich fort!

Der Mensch hört auf, wo der Irre beginnt, das Tier steht höher und die letzte der Schlangen freut sich des Lebens zumindest wie ihr Vater.

Semmelweis war noch tiefer gesunken als das alles, er war hilflos unter den Irren und verfaulter als ein Toter.

Die Infektion schritt zu langsam, zu minuziös voran, als daß ihm ein einziger Kampf auf dem Wege zur Ruhe erspart geblieben wäre.

Lymphangitis ... Peritonitis ... Pleuritis ...

Als die Meningitis an die Reihe kam, raffte er sich zu etwas wie einem unversiegbaren Wortschwall, zu endlosen Erinnerungen auf, während sein zerschlagener Kopf sich in langen toten Sätzen zu entleeren schien. — Das war nicht mehr jenes teuflische Wiederholen seines Lebens auf der Höhe des Deliriums, dessen gemarterter Held er in Buda-pest während der ersten Zeit seines Irrsinns war. Das Fie-ber hatte seine tragischen Kräfte verzehrt. Er gehörte den Lebenden nur noch durch den gewaltigen Schwung seiner Vergangenheit an.

Am Morgen des 16. August packte ihn der Tod an der Gurgel. Er erstickte.

Der Geruch der Verwesung erfüllte das Zimmer. Es war fürwahr an der Zeit, daß er dahin ging. Doch er kämpfte erbittert in dieser Welt, so lange, als man mit einem zer-störten Hirn in einem zerfetzten Leib kämpfen kann. Er schien ohnmächtig, im Dunkel verloren, als eine letzte Re-volte ihm, dem Ende ganz nahe, das Licht und den Schmerz wiedergab. Plötzlich richtete er sich auf seinem Lager auf, man mußte ihn niederzwingen. „Nein, nein", brüllte er mehrmals. Es scheint, daß in der Tiefe dieses Wesens kein Verständnis für das tägliche Schicksal, für den Tod, war und nichts anderes in ihm, als ein ungeheurer Glaube an das Leben. Man hörte ihn noch „Skoda ... Skoda!" rufen ... Doch erkannte er ihn nicht mehr.

Das ist die traurige Geschichte von Philipp Ignaz Semmelweis, der 1818 in Budapest geboren wurde und 1865 in Wien verschied.

Er war ein großes Herz und ein großes medizinisches Genie. Zweifellos bleibt er der klinische Vorläufer der Antisepsis, denn die von ihm vorausgesehenen Methoden, das Kindbettfieber zu verhüten, sind noch heute und für alle Zeiten aktuell. Sein Werk wird ewig bestehen. Doch es war zu seiner Zeit völlig verkannt.

Wir haben eine gewisse Zahl von Gründen angeführt, die uns die außergewöhnliche Feindseligkeit, deren Opfer er wurde, teilweise verständlich machen. Alles läßt sich jedoch nicht durch Fakten, durch Gedanken und Worte erklären. Es gibt noch sehr viel, das man nicht weiß und niemals wissen wird.

Pasteur sollte fünfzig Jahre später mit einer mächtigeren Erleuchtung Klarheit über das Wesen der Mikroben auf eine unwiderlegbare und absolute Art und Weise bringen.

Was Semmelweis anlangt, so scheint es, daß seine Entdeckung über die Kräfte seines Genies hinausging. Das war vielleicht der tiefe Grund all seines Unglücks.